牛散大学堂指定读物

吴国平
操盘手记
主力建仓策略

第4版

吴国平◎著

浙江工商大学出版社
ZHEJIANG GONGSHANG UNIVERSITY PRESS

杭州

图书在版编目（CIP）数据

吴国平操盘手记. 主力建仓策略 / 吴国平著. — 4
版. — 杭州：浙江工商大学出版社, 2022.5
ISBN 978-7-5178-4808-0

Ⅰ. ①吴… Ⅱ. ①吴… Ⅲ. ①股票交易—基本知识
Ⅳ. ① F830.91

中国版本图书馆 CIP 数据核字 (2022) 第 008438 号

吴国平操盘手记：主力建仓策略（第 4 版）
WU GUOPING CAOPAN SHOUJI:ZHULI JIANCANG CELUE(DI-SI BAN)

吴国平 著

责任编辑　徐　凌
责任校对　黄拉拉
封面设计　新艺书文化
责任印刷　包建辉
出版发行　浙江工商大学出版社
　　　　　（杭州市教工路 198 号　邮政编码 310012）
　　　　　（E-mail: zjgsupress@163.com）
　　　　　（网址：http://www.zjgsupress.com）
　　　　　电话：0571-88904980　88831806（传真）
排　　版　程海林
印　　刷　北京晨旭印刷厂
开　　本　787mm×1092mm　1/16
印　　张　18.5
字　　数　195 千
版 印 次　2022 年 5 月第 1 版　2022 年 5 月第 1 次印刷
书　　号　ISBN 978-7-5178-4808-0
定　　价　58.00 元

一位粉丝读《吴国平操盘手记》有感

在中国乃至世界，尽管有关资本市场技术策略的专业书籍并不少见，但读罢吴国平老师的书，我感慨万千。吴老师在阐述有关股票交易投资的理论和知识时，既没有过多使用生涩难懂的技术化术语，更没有摆出各种令人望而生畏的数理模型，而是结合自己在操盘中的成功做法，将选股之道和专业技术知识生动地展现出来。在阅读的过程中，我不时发现一些闪烁着深刻哲理的精辟论断，这些都发人深省。这是一套不可多得的好书，在这套书里，吴老师带着投资者的金融哲学思辨、丰富的实践感悟，用生动细致的释义和鞭辟入里的分析，破译了资本市场操盘手的策略密码，掀开了股市操盘的"盖头"，让普通股民学到很多在其他书中学不到的宝贵经验。如果说别人讲的是炒股技巧，这套书讲的则是博弈资本市场的大智慧。

资本市场是一个需要经验的行业，吴老师在股市博弈了二十余年，其前瞻性，经验、技术、睿智，以及理性思考，一定会给粉丝启迪和帮助。

一位默默支持吴国平的粉丝

希望我们成为你在证券市场最好的引路人

这套书的价值就在于我们将操盘的流程——选股、建仓、拉升、出货拆分成不同的部分，分享给大家，同时又强调综合运用和全局运作。每个流程都采用讲重点与说案例相结合的形式，将我们操盘的经验总结展现出来。

再次修订出版，我们期待将这套书打造成经典中的经典。对于新读者而言，其价值非常突出；对于老读者而言，更多的是一种温故知新。如果你愿意静下心来细细品味，那么，有所收获是必然的。

为了让更多读者更好地理解书中的内容，我们结合了各种市场工具的变化，做了新的尝试和突破。名师指导可以帮助大家更好地吸收书中的内容，完成蜕变。我知道，很多读者都希望作者能够亲身授课，以便更好地体会。互联网新时代为我们提供了这种可能，线上视频教学就是我们未来给大家提供的增值服务。

现在自媒体令内容传播更快速、更广泛，我们也开辟了新天地。

未来，我们将把原来在线下各知名学校，比如中欧国际工商学院、中国人民大学、浙江大学、广东金融学院等开设的高价课程内容搬到线上，价值几万元的课程内容将转变为几千元或几百元，甚至免费。我们将开辟网络视频教学模式，围绕我们的书籍和市场最新动态阐述知识点，为读者提供增值服务。

这套书本质上是教材，虽然书中不全是最新的案例，但我们在修订时已经增加了不少。以前的经典案例对于理解、吸收知识点不构成任何障碍，再结合网络视频教学上的最新案例，以及讲解和点拨，你必然能实现思想上的突破。所以，不论是老读者还是新读者，都可以在学习的过程中加入到我们的视频学习中来，你将更好地提升自己。书是静态的，我们的视频教学是结合市场动态的，其中的价值，你可以想象得到。

不论你是新读者还是老读者，只要认购了这套书，我们都将免费送你一集线上视频教学课程。如何获得免费线上视频教学课程？添加"吴国平财经"微信公众号，按照微信公众号栏目提示即可获取。

"吴国平财经"隶属我们的牛散大学堂。牛散大学堂的目标是：打造最牛的金融文化分享平台！这套书是敲门砖，一块敲开证券市场本质的砖，希望我们成为你在证券市场上最好的引路人……

吴国平

股威宇宙创始人

牛散大学堂校长

拥有一个盈利系统，你就能撬动整个世界

很多投资者问，什么是盈利系统，怎样才能构建适合自己的盈利系统。在我看来，一个有价值的盈利系统可以指导我们研判市场、挖掘战机、控制风险和把握实战，而一个充满生命力和创造力的盈利系统可以进行有限浓缩和无限扩展。我的投资理念很朴素，也很简单，概括起来就九个字：提前、深度、坚持、大格局。我希望，融合了我的金融文化的盈利系统能像一棵永远从资本市场汲取养分的常青树，它的根可以扎得很深，它的枝叶可以长得很繁盛。从"吴国平操盘论道五部曲系列丛书"、《150万到1亿》、"炒股'短线金手'丛书"、"吴国平实战操盘大讲堂系列"，再到现在这套"吴国平操盘手记"，我可以骄傲地说，我的盈利系统不仅是有价值的，而且是有生生不息的活力的。

我喜欢天马行空地想象，因为敢于想象，我的思维变得更加活跃。我思考问题，往往不喜欢仅仅停留在表面，而喜欢往深层次去挖掘，

让自己融入其中，进行思考。这一点如果放到资本市场上来说，那就是：很多时候，我们不能仅仅着眼于表面的波动，还要融入其本质层面去感知。对于大盘，需要用各种深入的思考来综合验证判断；对于个股，则要深入其内在去感知分析。不过相同的是，一定要清楚主力运作资金的想法。

我们有操作大资金的经验，操盘时，我们的条件反射之一就是——市场主力资金到底在想什么？我们会试着融入其中去思考，接下来最可能出现的市场走势到底是什么。

这套书就是基于主力操盘的角度写成的，从微观的选股、建仓、拉升、出货，再到宏观的全局运作，均有涉及。值得注意的是，其中的内容不仅是之前系列丛书思想体系的延续和扩展，而且是不同知识体系围绕主力操盘这个核心进行全方位碰撞后的结晶。我的想法是，如果能参透主力资金运作时投资标的的选择、建仓吸筹蕴藏的战机、强力拉升的节奏和悄然出货的风险，最后还能从全局运作的角度统筹整个操盘周期，那么一切就会变得很有意思，成功的概率也必将随之大大提高。事实上，在大资金项目运作的操作中，我们就是融入了这些体系，很多东西都来源于大量的实战总结。在大规模资金运作的道路上，我们已经积攒了相当多的经验，我们需要做的就是坚定信心，不断前行，做到极致，创造奇迹。我们致力于将资产管理和金融文化完美结合，并推动其向前发展，书籍就是我们金融文化很好的表现形式之一。

路漫漫，我们将坚定地走下去。我们想将这套书献给所有对资本市场感兴趣的投资者。我们希望，在推动中国资本市场成为第二个华尔街，甚至超越华尔街的大趋势中有我们的身影，同时有更多深受我们启发和影响的群体的身影。这套书，就是我们思想的重要体现，愿实现有缘人心中所想。

在此，非常感谢为打造经典中的经典付出劳动的学生。如果没有他们的辛勤协助，这本书的再版速度不会那么快。还有，感谢我的粉丝们，因为你们坚定的支持，我才有了更大的动力。同时也感谢为这套书的出版付出辛勤劳动的编辑。经典中的经典，离不开每一个为此付出的人！

最后，欢迎有想法的读者来信与我们交流，邮箱为：wgp168@vip.163.com；也可以直接在我们的微信公众号"吴国平财经"的后台留言，说出你的感悟。我们的不断前行需要大家的建议、鼓励和支持！世界很美好，未来很精彩，期待每个人都拥有精彩的人生。拥有一个盈利系统，你就能撬动整个世界！我坚信！

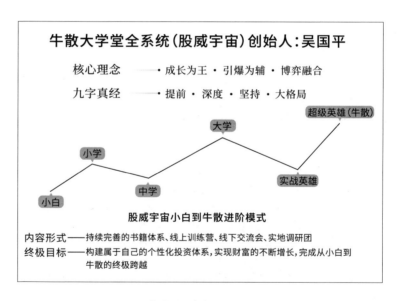

牛散大学堂全系统

重新定义你的操盘体系

很多人一直苦于找不到合适的提升自我的系统课程。他们在付出相当多的精力后却发现，大部分提升自我的系统课程都只包含一招半式，充其量只能算系统的一部分，没有整体性。正因为不能全面武装自己，所以，"韭菜"在股民中依旧是大多数。

不过，不要紧，我们来了，我们来帮你构建交易系统。牛散大学堂全系统（股威宇宙）就是为了实现这样的目标而搭建的，从小白到牛散的全套体系将帮助你逐步成长。

我们的底气在于，我们自己就是从小白一路成长起来的，并且一直从业于资产管理一线，所以我们深知市场中的一线人群最需要什么样的素质和技能。鉴于未来的中国资本市场将趋于专业化和成熟化，投资者确实应该趁现在提升自我。只有提升自我，投资者才能更好地适应资本市场。我们的股威宇宙——牛散大学堂全系统，或许就是你最好的选择。

牛散大学堂全系统（股威宇宙）

创始人：吴国平

核心理念：成长为王、引爆为辅、博弈融合

九字真经：提前、深度、坚持、大格局

股威宇宙的构建

①我们的内容由强大的分析师团队打造。我们的团队成员虽风格各异，但无不经验丰富，自成一派。我们不做纯理论派，而是用实战经验主导，取经典解读辅助，以众家之长补充，力图打造理论与实践高度融合的精品教程。

②股威宇宙从小白到牛散共分为六个不同的阶段，学员或者读者可以根据自身情况选择学习阶段，以及相应的书籍和线上训练课程。

③除了书籍体系和线上课程体系，上市公司实地调研游记也是牛

散大学堂实战的衍生品，属于"实战英雄"或"超级英雄"课程，其中的世界很精彩，充满乐趣和惊喜。通过与上市公司管理高层对话，我们可以了解企业的真实情况，感受什么叫"功夫在诗外"，别有一番风味。

④我们的内容来源于实战经验，但通过后期的认真总结，它们又高于实战经验。一切内容都是为了帮助读者完善自身交易系统。

股威宇宙小白到牛散的进阶模式

①"小白"，指对金融市场有兴趣，但没有实际接触过金融市场的人群。这个群体既没有实战经验，也没有理论基础，甚至对K线、盘口信息等基础知识也只是一知半解，属于资本市场的潜在参与力量。

②"小学生"，指对基本的概念有一些了解，刚入市，还没经历过市场洗礼的人群。这个群体能看到盘面的基础信息，也知道基本的交易规则，但一些具体的信息，例如成长股的概念、个股涨停背后的逻辑、技术波浪理论等都还属于他们的未知领域。

③"中学生"，指对概念较为了解，开始清楚K线形态，并掌握一些技术分析方法，自我感觉还不错的人群。这个群体入市时间不长，初出茅庐，踌躇满志，开始接受市场的残酷洗礼，初步感受到了资本市场的机会和风险。

④"大学生"，指有一些自己的分析方法的人群。但总体来说，他们的分析方法零零散散，还没有形成一套完善的研判体系，并且还不太懂得如何融合运用诸多分析方法。他们需要更贴近市场以把握市场的本质，从而进入到一个新的自我提升阶段。

⑤"实战英雄"，指开始知道如何融合运用基本面和技术分析的投资方法，对交易的心理博弈也开始有所体会的人群。这个群体需要通过反复实践，感知市场的博大精深，真正理解"成长为王、引爆为辅、

博弈融合"的含义，认清市场的本质，渐渐进入赢家的行列。

⑥"超级英雄"（牛散），几乎代表了个人投资者的最高水准。他们的投资理念、操作风格、投资偏好各有不同，但无一例外是市场中极少数的大赢家，他们创造了一个又一个的财富增长神话。各路牛散各有千秋，但他们也有相同点：他们善于抓住市场机遇；在经历过大风大浪之后，他们的投资心态依然十分稳定；在起起落落中，他们能不断汲取养分，使得自己的交易体系不断跟随市场进化。

股威宇宙的特点

系统性教学，明确的进阶模式，适合所有人群。

学习阶段、目标和成果的量化。每一阶段，我们都会让你清楚地知道你能收获什么。

检验出真知。每一阶段的学习都搭配练习，检验结果是最好的方法。

一线从业人员和牛散提供技术支持，你将有机会与他们进行线上或线下的互动。

投资体系阶梯式建立，由点成面，从无招到有招再到无招。

用心学习，小白终会成为一代牛散。

最后，博弈未来新牛市，路漫漫，坚定行。我们牛散大学堂将携手更多朋友，努力创造下一个奇迹和辉煌。我们的牛散大学堂，我们的股威宇宙，从 1 亿元估值起步，开启未来无限可能。欢迎加入我们！未来证券市场，因有我们而变得更精彩！

吴国平

股威宇宙创始人

牛散大学堂校长

01　主力建仓思维

02 主力建仓的综合研判

01

主力建仓思维

主力建仓思维，顾名思义就是主力建仓时，为保证资金安全及实现利润最大化，根据经验总结得出的一套思路。知行合一，思想支配行为，行为最终也会形成思想，从而指导实践。思想的正确与否事关行为最终的结果。主力资金在运作过程中会有一套行之有效的思路以指导其行为，尤其是在血淋淋的资本市场，严格的纪律、行之有效的操作思路尤为重要。个人投资者不仅要形成自身有效的操作系统，而且对主力资金运作的相关思路也要有所了解，知己知彼，方能百战百胜。

会买是银，会卖是金，买卖在整个运作过程中起着不可忽视的作用。作为市场的投资主体，机构资金对买卖的时机及策略都非常重视，意在保证资金安全的情况下实现利润的最大化，然而，主力到底如何实现其最终的目标，并不为众多投资者所知，这也是投资者们迫切想要知道的。本章将重点讲述主力建仓的一些思路，揭开主力操作的神秘面纱。

先发制人，建立底仓

完成标的的选择只是万里长征的第一步，对于主力资金而言，接下来最重要的就是用米下炊——何时下、下多少的问题，也就是选择时机入场及建立底仓的问题。

时机的选择具有举足轻重的作用，就算是一个再好的标的，通常也难敌市场的系统性风险，虽然是金子总会发光，但这个过程难免会让人背负不少压力，而且该压力本身并非不可避免。如果一开始就背负太大的压力，无疑将会对投资者的情绪或既定的策略产生干扰。当然，对于主力资金而言，其运作一般都会被一套严格的纪律制约着，以避免非理性行为或重大错误的产生，但这样做或多或少会影响利润的最大化。所以对于买点的把握至关重要，需要深思熟虑，不轻易出手，出手必运作到底，一般来说这些都是资金管理者遵循的思路，因为他们懂得时机的重要性及严肃性。

为何众多投资者难以从市场中盈利，反而亏损居多？很大原因在于众多投资者操作的随意性及缺乏纪律性。在随性的思维模式指导下，行动最终结果的 80% 将是惨淡收场，不得善终。对于为何随性操作或频繁操作大多会让人受伤，其中缘由我们将在后面的章节中重点阐述。当然，了解了主力建仓思维和建仓时主力惯用的一些手法后，读者对其中的缘由也能略知一二。

对比个人投资者，机构投资者具备个人投资者无法企及的很多优势，如资金、技术信息、专业水平等，这些优势能让主力资金常常先知先觉，先人一步，占据相对主动有利的位置。后知后觉或看不懂其中缘由的投资者很可能被市场，也就是被主力资金牵着鼻子走，这是常见的市场现象。众多投资者追涨杀跌、拼命厮杀，最终回过头来才发现，自己仍在原地踏步，或走进了旋涡无法自拔。要想做到与主力资金同步，先知先觉，并不是一件易事，可以说，一般投资者难以企及，一时的同步有可能，长期如此几乎不可能，因为市场里没有神仙。追究其中缘由，存在很多方面的原因，既有主观的人为方面的原因，也存在市场本身运行规律等客观方面的原因。

主观人为方面的原因，主要是指主力资金的运作手法。众所周知，看到一只好的标的，对于有限的资金而言，谁都希望能够用有限的资金买到更多的股票。而在资金有限的条件下，唯一的办法就是个股单价下降，这样我们才能用有限的资金买到更多数量的个股，以上便是考虑买入价格的问题。对于个人投资者如此，对于机构投资者更是如此。其实换位思考一下就不难理解，作为主力，在已经选好了相关的目标标的的前提下，接下来要做的是什么？毫无疑问就是寻找合适的买点，力争在有吸引力的价位上建立仓位，有吸引力的价位就是主力资金考虑的重点。怎样才能找到有吸引力的价位？主要从以下两方面来考虑：一方面从公司的价值来考虑，即当下价格与内在价值水平情况；另一方面从当下市场环境和本身技术面来考虑。总体来说，在重点考虑上述两方面后，要做到在别人贪婪的时候感到恐惧，在别人恐惧的时候贪婪。

无人问津处，潜流在暗涌

"无人问津"在很大层面上是市场极度恐慌或绝望的表现，市场达到无人问津的程度时，市场情绪往往接近冰点，此时一般都是大跌或大跌后的低迷整理期，此时市场失去了赚钱效应，或更多地处于深度套牢的状态，无法动弹，时间久了，人们甚至对市场不屑理会，从而造成市场一潭死水的局面。然而表面上看起来一潭死水的市场，其内在真的如此吗？对于大众来说，眼见为实，能够看到的东西确实是最有说服力的，人们很有可能把摆在眼前的现象深深地印入脑海，植入内心深处，从而不约而同地认为市场果然不景气。这是绝大部分投资者的正常思维模式，但事实果真如此吗？表面现象真的是内在本质的真实反映吗？若果真如此，为何大部分人的观点都是错误的呢？市场为何总是逆大众心理而为呢？要是大部分人的看法是对的，为何市场上大部分人都不能盈利，而只有极少的人能盈利呢？

残酷的结果表明，表面现象在很大程度上并不是内在市场规律的真实反映，可以说更多的是一种假象或至少不能真实反映内在。为何如此呢？其实从博弈的角度来看，我们很容易找到问题的答案。很多投资者或许从来没有想过博弈这个问题。众所周知，股票市场有很大的煽风效应，很多投资者之所以入市，是由于受到别人的影响或看别人很容易就赚到了钱。人们只看到了光鲜的一面，而没有看到残酷的一面，就像捡宝似的冲了进来。至于为何看不到残酷的一面，这是因为人性本是如此，谁都会尽量把自身成功的一面示人，与别人分享成功的喜悦。人们在市场上尝到一点甜头时，就会迫不及待地向别人讲述成功的经过，而当出现亏损的时候却只字不提，当作没有这回事。这也就是为何刚进来的投资者都拥有美好的愿景和十足的信心，只有亲身经历了失败才知道原来炒股并不简单。市场表面光鲜诱人，内在却布满了荆棘，就像前面我们分析过的，表面看起来无人问津的市场，其内在并不像我们看到的那样，道理是相通的。

　　不仅是刚入市的投资者会这样，入市后大部分投资者也依然无法在此起彼伏的市场中认清现象的本质，更多的是看到股价涨了就采取买进的策略，看到跌了就采取卖出的策略，也就是所谓的追涨杀跌，按自己的情绪行事，博弈（包括心理面、资金面等）之类的可能想都没有想过，这是市场的常见现象。但主力资金则不得不考虑博弈，而且要善于运用博弈来达到自身运作的目的。上述所说的为何市场表象很大程度上并不是市场内在本质的真实反映，除了受自身先入为主的思想影响外（看到市场的这种现象并认为事实本身就是如此），最主要的原因还在于主力资金运作的相对隐蔽性。表面上无人问津，其实暗流在涌动，如果投资者按照这个表面现象得出看起来符合逻辑的预判，结果经常会使人失望。

"无人问津处，暗流在涌动"，很大程度上就是"人弃我取，人取我弃"的思路，这是主力惯用思路，也是主力资金选取适宜买点的绝好机会。不知投资者有没有听过这样一则故事：

曾经有个和尚，他不懂得什么技术面、基本面，也不懂得经济分析，他却成了资本市场的佼佼者，成为为数不多的能在市场中盈利的人，有人大惑不解：为何自己整天用心研究却得不到应有的回报，局外人却能获利颇丰？于是他前去请教和尚，当问及其为何能够成功时，和尚回答道："我确实不怎么懂得市场的运行规律，也不能预测接下来将会发生什么，但我佛慈悲，当我看到大家都抛弃手中的股票时，我就尽自己所能买下了，而当大家挤破头蜂拥而至时，我就卖给他们了，结果就成了现在这样。"

不管这个故事是真是假，我想它告诉了我们"人弃我取，人取我弃"的深刻道理，同时也告诉我们，资本市场并不是付出努力就有回报的（当然不努力是肯定得不到回报的），如果只知道一味地努力而没有正确的思想指导，即对市场本质没有应有的理解，再怎么努力也无济于事。

我们都知道，水还没煮开的时候，水面非常平静，几乎看不到什么动静，水下其实已经在冒泡了，而当水面沸腾的时候，这壶水已经烧开了。事物的发展规律是类似的，市场的运行又何尝不是如此？表面上无人问津的时候，很有可能有暗流在涌动，重心在曲折中慢慢地抬高，等真的有大动作时，人们开始亢奋，很有可能这波行情要告一段落了。这也是行情总是在极度恐慌时发生转机，在谨慎时推进，在疯狂中结束的原因。

价值体现前，勇敢去潜伏

　　评估公司当下的价值和市场价格是主力建仓前行动的重要一环，也是标的选择的重要一环。选择当下被低估的品种，即选择市场价格低于本身价值的品种，或未来将有重大事件使其本身价值发生巨变的有潜力的品种，这些品种往往能够在短时间内使公司的价值发生巨大的变化，表现在股价上便是很容易起大的波澜，因此不少知名基金经理喜欢挖掘一些未来具有重组、资产注入、收购等潜力的品种。对于机构投资者而言，他们会有一套适合自身的有效的价值评估体系，经过自上而下、自下而上，或两者结合，精选出符合系统标准的目标标的。所谓自上而下，就是首先研究宏观经济，然后选择受益于宏观经济发展趋势的行业，再从这些行业中选择好的公司；所谓自下而上，则是直接切入个股，采用这种策略更多关注个别公司的成长空间、管理能力、业务模式、估值等。当然，主力资金通常都会结合两者，综合研判，筛选出符合标准的相关标的。

　　对于投资者而言，要对上述大道理有一定的了解，但是，了解了上述道理也只是知道大概，具体操作中主力资金是如何评估上市公司的价值而筛选出目标标的的，才是投资者需要知晓的重点，不然投资者最终还是无法领悟其中真谛。我们都知道机构资金常常都是用建立数学模型、设置参数等手段估算公司的内在价值，而对于大多数投资者而言，烦琐的计算根本不是他们的兴趣所在，甚至会令他们感到棘手。术业有专攻，我们不是数学家，不必按照这个形式去估算上市公司的内在价值，只需要根据其中的逻辑来思考公司的内在价值即可。我们要做的是通过衡量内在价值与市场价值之间的"差"来确定安全边际，并通过不断释放内在价值来获取收益。对于内在价值，巴菲特给出了经典的定义：企业未来创造现金流的折现。怎样的企业才是好的企业？哪些企业可以作为我们的目标标的？本套书之《吴国平操盘手记：主力选股策略》对此有一些思路的阐述，有兴趣的读者可以读一读，在这里我们总体来说一下好的企业必须符合的条件，即筛选目标标的的条件。

第一，企业经营的存续期足够长。即使企业当前现金创造能力再强，如果不能持续，也不可能长久生存。

第二，企业在存续期内的经营成果，以赚取并保留了大量现金为标志。否则即使存在了 100 年，每年赚的钱都要投入到下一年的扩张中或是经营必需的现金支出里，最终留在手上的其实所剩无几。

第三，对于企业的上述预期必须辅以较高的确定性因素支持。如不确定因素太多，将会对最终的结果产生过大的不确定性影响。

符合上述三个基本条件的上市公司可以作为我们的参考标的。一家上市公司内在价值的大体框架基本确立后，符合这个大体框架的上市公司便具有一定的投资价值。当然这只是开始，接下来我们需要做的是在此基础上进一步扩充与深度挖掘。

存续期方面，包括企业所处行业的空间与稳定性，企业外部需求的持续性，企业面临的经营环境，企业在此行业中的相对低位和当前的绝对规模等。

现金积累方面，包括企业的扩张边际成本如何，固定资产占比如何，为了维持必要经营的现金耗费占利润比如何，生意属性上是赊货拿钱还是相反，行业的供需结构对企业盈利的影响等。

确定性方面，包括企业的竞争优势是否牢靠，企业的治理结构是否健康，企业的发展战略是否正确且可执行，企业的过往经营历史如何等。

在进一步分析如"企业所处行业的空间与稳定性"时，我们可以分析该行业的前景，即未来发展空间大不大，是处于朝阳期、成熟期，还是处于衰退期；整个行业的产业链如何，该行业是处于该产业链中的哪个位置，是上游、中游，还是下游。

稳定性方面，我们可以分析这个行业在国民经济中的地位如何，是不可或缺的一部分还是可以替代的一部分，等等。进一步深度挖掘所有问题后，公司内在价值几何，每个人心中都会浮现一个大体的判断，至少不会像之前那样迷茫。

总之，只有进一步深度挖掘，对企业进行评估，才有可能真正了解公司的内在价值，鉴定其是不是具备投资的价值。完成初步的选择和深度的挖掘后，不懂得具体数学模型计算的投资者至少有底气和信心了，知其然并知其所以然之后，再看看公司当下的价格水平，结合当下的市盈率（PE）等估值标准，就很容易判断当下是不是一个适宜的买点。

当然，这个过程是复杂的，而且真正地深度挖掘绝对是一个不小的工程，虽然不用设定一系列参数和代入公式进行复杂的计算，但也需要一点一点分析，厘清其中的思路，对这个行业和公司有深入的了解。看到这些，也许不少投资者感到害怕了，要知道，现实总是如此残酷，天下没有免费的午餐，投资也不例外，是一份苦行僧的活儿，没有一点一滴的付出，要想一步登天，只能是黄粱美梦。

经过系统的分析，完成对公司价值体系的评估后，接下来我们要做的就是在价值体现前勇于潜伏。懂得潜伏、耐心持股也是获取最终胜利至关重要的一环。挖掘价值是一方面，耐心等待价值的实现又是另一方面，只有两者结合起来才能获得好的成果。

在现实投资中，相信来到市场中的每一个人都有过类似的经历，很多时候并不是我们没有买到牛股，而是在价值体现前最黑暗的时候被颠下了马，或是在价值刚刚体现初期由于短视而错过了真正的主升浪。当然这在很大程度上是由于没有深刻了解股票运行（上涨或下跌）的规律造成的，同时也是由市场的浮躁心理导致的。整天想着买进去就涨，或短时间内能够获得大利，这种没有耐心、禁不住时间考验的投资心理，正是获取利润的大忌，十有八九会失败。

投资本是一个长期和曲折的过程，逆市场规律而行，最终的结果将是得到应有的惩罚。有人可能会打破砂锅问到底：为何说投资是一个长期和曲折的过程？问得好，投资就是要深刻地理解市场的本质，理顺其中的逻辑，才有可能走得更远。本书后面章节将会重点讲述其中缘由，在此不做详细讲述。总之，记住，要懂得潜伏，耐心持股，直到价值实现。

时间与空间的权衡

理解建仓时主力对时间和空间的权衡，需要深刻理解市场为何总是在悲观绝望时诞生机会，在突破前夕出现折磨人的走势。大部分人可能对这些现象早已有所耳闻，但在这里我想说的是，知道并不等于有深刻的了解，而且问题往往就出在知道却没有深刻了解的时候。

很多人可能会问，这有什么区别呢？不但有区别，而且区别很大。知道很有可能只是停留在表面，别人提起就想起来，没人提起就很有可能毫无印象，其实这与不知道没有什么区别。而深刻了解则是植入脑海中的深刻体会，我们要的就是这种状态。

为何我们需要的是深刻体会，而不只是知道呢？这与资本市场的特性有密切的关系，这是一个时刻充满着诱惑和恐惧的市场，很容易使人失去理智。请问，在这个浮躁的、时刻可能使人失去理性的市场，停留在表面上的记忆能够发挥作用吗？平时你可能都想不起来，在非理智或情绪受干扰的情况下就更不用说了。只有深刻理解后深深植入脑海深处的记忆，才有可能在非理智的情况下迸发出火花，抑制住你的非理性的行为。所以说，对市场的看法或一些思路一定不能停留在表层，而要深层次地理解。

我们再来看看现象背后的本质。首先我们来想一想，什么样的价位具有吸引力。对于主力资金而言，要想获得上涨的空间，无疑只有两种途径：一是在原有基础上继续上涨，带来绝对向上空间；二是在现有基础上跌出获利空间。进一步研究，在原有基础上继续上涨带来的绝对向上空间是可以带来获利空间的，但如果该股的价位原本就处于相对高位，作为主力资金会不会觉得当下价格有点高呢？在高的基础上要想继续向上拓展空间也是可以做到的，但运作成本是不是过高呢？而且考虑一下风险，要是下跌呢？所以，综合来看，当价格本来处于相对高位时，进一步向上拓展空间运作成本较大且空间也较为有限，同时，风险也相对较大。对主力资金而言，这种途径无疑不具有诱惑力，除非短期内公司有可能出现重大利好，使其基本面的价值出现突变，否则主力资金不会轻易出手。当然这也不是绝对的，市场中也是存在强者恒强现象的。

我们再来看看第二种途径，即在跌出来的空间寻找机会。一来，经过下跌后（最好是大跌），短期风险得到了很大程度地释放；二来，跌出的空间可以成为接下来获利的空间，也就是后市获利的空间将更大。总体来说，这一途径更安全，获利空间也更大，对于主力资金而言无疑更具诱惑力，更靠近主力资金会考虑采取的建仓策略。看到这里，相信大部分投资者对为何行情总是在绝望的时候发生转机有了更深刻的理解，原因就在于，绝望的时候往往就是行情处于大幅下跌中后期，极度低迷或泥沙俱下的恐慌阶段，此时对于主力资金而言，正是收集廉价筹码的极好时机，当然前提是大的格局依旧向好。其实这也验证了前面所提及的一个重要思路：无人问津处，暗流在涌动。市场泥沙俱下并不一定就是坏事，很有可能接下来酝酿的是物极必反的趋势，通过表面现象看到本质才是制胜之道。

　　建仓时的空间也是一个极其重要的因素，这里的空间是指主力资金建立底仓的价格范围，即吸纳筹码的区域，主力在这个空间内完成对筹码的收集。理解了空间的概念后，相信大家对为何市场在真正启动前夕总会出现反复折磨人的走势，有了更为深刻的了解，这主要有以下两方面的原因：一方面，主力在未完成筹码的吸纳任务之前，一般都会使股价重新回到上述所说的建仓空间之内；另一方面，主力要想在此空间内获得需要的筹码，必须不断地反复，制造折磨人的走势，才能使市场交出筹码，从而收集所需要的筹码，完成底仓的建立。看清现象背后的本质，才能使我们在此起彼伏的市场中获得最后的胜利。

　　巴菲特曾经说过：短期来说市场是投票机，长期而言是称重机。也就是说，对于短期而言，市场千变万化，受市场情绪变化的影响较大，不可预期和不确定性因素太多，虽然可以找到一些规律，但不可能长期精确，这也是喜欢频繁短线操作的投资者很难从市场中长期盈利，而更多的会亏损的原因。这是现实，也是市场中的一种常见现象。每天一股脑儿地扎在市场中拼命厮杀，跟随市场起舞，最终还是费力不讨好，被市场折磨得不成样子。主力建仓时要的就是一种折磨人的效果，懂得这一本质的投资者，面对市场的波动至少会多一份淡定和从容，而不至于每次在股价一骑绝尘之前就被颠下马。

　　探讨完主力建仓时对时间和空间的权衡后，相信投资者对市场的本质已有更深刻的了解。最终的效果如何，就看投资者能否将这些理解转化为实际行动。还是那句话：有些东西知道了并不一定能发生作用，行动才是迈向成功的关键。

操
盘
手
记

适应孤独、超越极限才能创造奇迹

甲：你不是说要奋笔疾书吗？怎么我看你发呆或走来走去有段时间了，一点也不见你有奋笔的意思呀？是没思路，还是别的什么原因？

乙：什么原因都有，反正现在我的状态不是很好，不知为何一坐下来就总想休息。其实我也不想这样，我很想奋笔疾书，但是……你说没思路吧，其实思路还挺多的，可能无从下笔吧。

甲：感觉得出你有点烦躁，或者说你没静下心来。我知道你是个追求完美的人，你也是个没有压力就没有动力的人，一旦感觉不在最佳状态或没有太多压力的时候，你内在的懒惰之心就可能占据了主导地位。

乙：被你说中了！

甲：呵呵，你现在要做的就是看看你墙上写的那些字——"超越极限才能创造奇迹"，要去做不可能完成的事情，这样你的信心才有可能坚定呀。

乙：嗯，看到这些字，我感觉好多了。只是，意志总有不坚定的时候，尤其是在周末，哎，本来可以好好奋笔疾书的，可总是有这样或那样的事让我分心。

甲：所以你要更珍惜每一分每一秒。其实你对自己要写的东西已经列好提纲了，但计划很多时候是赶不上变化的，一旦变化过大，你的计划就有可能夭折。在没有大变化前，如果你加紧计划的进度，那么，一旦有些变化也不足以影响整个大局。再说了，只有超越极限才能创造奇迹，这点你应该比我清楚，你的极限还远远没到，更谈不上超越了。呵呵，你接下来要做的事情可多啦，现在我非常支持你奋笔疾书，虽然我也很想和你出去喝喝茶，但我更想看到你奋笔疾书的样子。

乙：我知道了，听你这么说，感觉好多了。真的，我对未来充满了信心。最重要的是，现在我充满了能量，足以奋笔疾书了。

甲：哈哈，那就好嘛。不多打扰了，我找你徒弟出去喝茶喽。

乙：行，他们求之不得呢。

甲：只有经历了孤独才会有真正的质变，我已看到你新的未来啦。

做任何事都要有坚定的目标，很多时候，不是做不了，而是你太懒惰。

人性的弱点之一就是懒惰，懒惰总是在你稍微松懈的时候乘虚而入。所以，你要不时地提醒自己什么才是最重要的，坚定自己的信念，只有这样才能让自己充满能量，去面对一切具有挑战性的工作。

超越极限才能创造奇迹，这是一种态度，一种信念，更是一个真理。人只有经历了孤独，才具备质变的基础，人需要不断地在孤独中寻找自我。如果你实在忍受不了孤独，不妨好好跟自己对话，这也是一种让你适应孤独的方式。

通宵奋战有感

甲：听说昨晚你通宵啦？

乙：是的，通宵看书。

甲：效果如何？

乙：挺好的，饿了就吃，困了就打个盹，无聊就看看动漫或新闻，事实上，真正看书的时间并不多，不过，至少整晚都在思考书籍的内容，尤其是在深夜，很容易思考到关键点上，迸发出精彩的火花。

甲：看来收获不小嘛。只是要注意身体，这种情况可不能成为常态。

乙：嗯，就好像旧社会肉尤为珍贵一样，每月只能吃一次或每年也就吃那么几次而已。我通宵的次数也跟过去吃肉的次数一样稀少。

甲：千万别跟你现在吃肉的频率一样就好。

乙：昨天通宵的过程中，我不经意看到了一些关于童话大王郑渊洁的事，他的书我很小的时候就读过，他是我很欣赏的一个人。他的坚持与个性成就了他今天的成绩，这点让我感受颇深。未来，我要做的或许就是金融文化界的郑渊洁。

甲：是呀，就看你够不够勤奋了，如果你也能做到像郑渊洁那样每个月写出一本杂志的体量，中国金融文化的丰富与发展就有戏了。

乙：我所期望的是每个月写一本书，我想进化。

甲：只要你想，我觉得对你来说并不是问题。我很能说，但我深知自己在写作方面远不如你，你文思如泉涌，很容易就能写出一篇精彩的文章。而我下笔时就不知道该写什么，连打字都不如你快，节奏各方面都很难跟上，所以，写作这东西呀，还真是要有点天赋才行。

乙：熟能生巧，你只是不习惯而已，你不习惯把自己的思想写出来，你习惯口头表达出来而已。

甲：是呀，加油吧。未来世界很广阔呢！

乙：我已经看到了，所以，我必须开始体验通宵奋战，这是为未来所做的必要准备。我很喜欢这样的感觉。

甲：对了，通宵奋战后第一件事情是干什么呢？

乙：洗澡，然后好好睡一觉。

甲：其实，本质上，至少从你每天的时间分配上来说，结果还是差不多的，你说呢？只是，你把一些本来应该白天做的事情安排到深夜了。

乙：哈哈，没错，不过换种方式来安排一天，虽然本质一样，效果却是截然不同的。

甲：对，人就是喜欢这样，在一样的结果中去寻找不一样的体验过程。

通宵奋战为的是什么？为的是更美好的未来。

这过程本身就很让人受鼓舞，因此，当你面对一些重大事情需要处理的时候，不妨借助通宵奋战这种方式来激励与鼓舞自己。正如上面最后谈到的那样，虽然这件事的本质跟不通宵奋战是一样的，但换个方式来安排时间，其效果是截然不同的。我们需要多点这样的体验，只有这样，我们的生活与工作才更精彩。

借力大盘，控制成本

在市场的运行过程及个股的运行过程中，一般而言，主力建仓时的动作都相对隐蔽，不易被发现，当然并不是所有的过程都不会让你知道，某些时段主力会发出很明显的信号向市场宣告接下来的动作，具体哪些时段，下面的章节我们再详细阐述。建仓初期更多的是一个暗度陈仓的过程，主力资金不会轻易让自身的行为被发现。原因在于，首先，这个阶段主力资金要的是筹码，如果自身的行为被市场发现，谁还会抛售手中的筹码？同时，如果市场资金一窝蜂地涌进，短期内将会极大地推高股价，脱离上述所分析的建仓空间，主力资金也就无法完成底仓的建立，在无形中延长了运作的周期。所以，这个阶段主力隐蔽得越深越好。

主力建仓时的这一特点很好地告诉我们：平时我们在市场中看到的表象，更多的并不是市场内在的本质反映，而且很有可能是假象，这也是为什么整天在市场中折腾的投资者很难盈利。之所以喜欢整天折腾，就是因为他们很容易受到市场波动的影响，而这些盘面波动的现象并不能如实地反映市场的内在本质及多空双方真实的实力，更多只是一种假象而已。根据这种不能真实反映盘面波动的现象去操作，能成功吗？越是频繁操作，出错的概率越大，喜欢整天折腾的投资者不能盈利就很正常了。

割肉盘与短线客

主力建仓的意图不只是简单地建立底仓、收集筹码，还有一个重要的意图是为后市股价的进一步上行扫清障碍。阻碍股价上行的最根本因素在于抛售盘的打压，进一步分析这个抛售盘，因素主要源于两个方面：一方面源于前期套牢的筹码；另一方面源于近期的盈利筹码。

对于前期的套牢筹码来说，一般而言，在股价没有接近其成本区时不会形成很大的抛压盘，也就是说，在达到重要阻力位之前股价上行的最大阻碍在于近期盈利筹码的抛压。所以在股价上行至重要阻力关口之前，主力最大的任务在于扫除不坚定的筹码，即浮筹。

浮筹根据有无盈利可以分为割肉盘和短线客。割肉盘是指前期入场或近期内入场的，在没有出现盈利情况下就亏损离场的资金；短线客是指短线投资者抱着炒一把就走的心态注入的资金，其来到市场的目的就是想在短期内获取利润，但现实可能并不如其所愿，不管如何，其持股的时间一般不会很长。对于主力资金而言，在真正实施拉升动作之前，这两类资金是需要重点清洗的。浮筹太多会直接提高主力的运作成本，同时还有可能打乱整个运作节奏。因此一轮大的上涨行情往往都需要经过破茧成蝶前的阵痛，让大部分人绝望，割肉盘蜂拥而出，直至不惜代价的非理性行为出现后，才有可能迎来雨后彩虹。主力资金清醒地认识到，如果不扫除这类资金，那么后市的路将不会那么顺畅。

如图 1-1 所示，2010 年 7 月 2 日—11 月 11 日，大盘走出了一轮波澜壮阔的阶段性行情，对于这波行情，有人欢喜有人忧，喜的是享受到了一飞冲天的快感，悲的是倒在了黎明前最黑暗的那一刻。从这波行情启动的背景来看，其出现在大幅下跌后构筑的一个整理平台再次长阴杀跌的背景下，再次长阴杀跌让恐怖气氛急剧升级，市场人气降到冰点，委实很恐怖。对于不坚定的投资者来说，挥泪割肉或退避

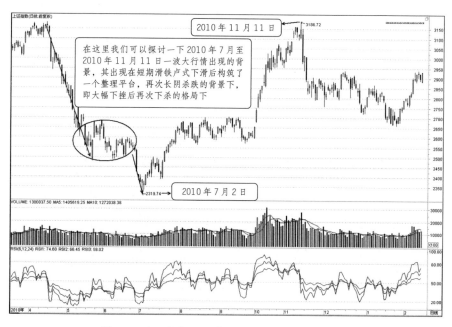

图 1-1　上证指数 2010 年 4 月至 2011 年 2 月走势图

三舍是极其普遍的现象，而对于主力资金而言，再次一击则对后市有着非常深远的影响，那么再次一击后出现爆发性的反弹也就很正常了。主力资金在大幅下挫中既达到了收集廉价筹码的目的，也为后市的上扬很好地扫清了障碍。

如图 1-2 所示，我们可以探讨一下 2017 年 5 月至 2017 年 11 月 14 日一波大行情出现的背景，其出现在短期滑铁卢式下滑后构筑了一个整理平台，再次连续杀跌的背景下，即大幅下挫后再次下杀的格局下。

图 1-2　上证指数 2017 年 4 月至 2017 年 11 月走势图

【学习重点提炼】

最危险的时候可能是最安全的时候，最安全的时候也可能是最危险的时候。市场回调，没人愿意买股票，好像处处都是危机，这或许就是最安全的时机，大胆介入，可能就是未来盈利的开始。

【学习延伸】

很多时候，涨与跌往往形成对称图形：敢怎么涨就敢怎么跌。跌势确立时，耐心观望，等待转折信号出现是最好的策略。可参考《操盘论道五部曲——抓住形态》。

2018年狗年的第一波反弹也是如此。

经过2017年年底的亢奋后，市场进入了调整阶段，对于当时让人备受折磨的走势，相信大家记忆犹新。回忆一下整个过程，你有何感受？第一波连续杀跌，这种大动作的下跌表面上看起来很有杀伤力，其实不然，可以说这个过程是在整个下跌过程中杀伤力最小的。为何呢？

首先，谁看到这种大动作的下跌都会感到害怕，既然有所畏惧，就会有目的性地采取对策，动作再大，只要有应对策略，就可以把损失控制在一定范围内。

其次，第一波下跌出现在大涨末期，即市场情绪相对亢奋期，虽然不少个股在这个过程中会跟随市场大幅下挫，但下挫后大盘处于企稳初期阶段，市场下跌前的亢奋还没有完全退潮。只要大盘企稳，不少个股仍将大幅反弹，所以不少个股的跌幅并不会很大。损失的进一步扩大或真正的风险释放期其实是在大家都认为相对安全的时候，俗话说"明枪易躲，暗箭难防"，也就是这个道理。

经过第一轮连续下跌后，反弹阶段很多人可能都抱有继续反攻的期望，尤其是在大盘出现连续三根阳线后，让人感觉大盘跌不下去并开始有上攻动作时，绝大部分投资者可能会放松警惕，对市场抱有乐观看法，在此基础上，如果市场反其道而行之，那么这个时候的杀伤力是相对较大的。这里所说的阶段，可对照图 1-3，就是图 1-3 中标示出的貌似重拾涨势后再次扭头向下的阶段。

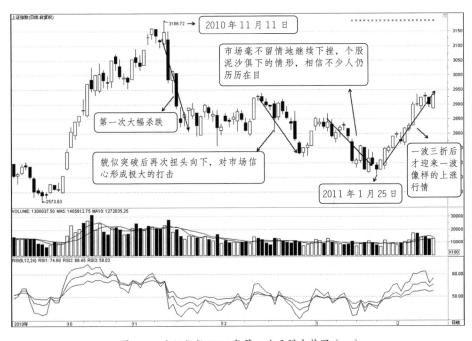

图 1-3 上证指数 2011 年第一波反弹走势图（一）

如图 1-4 所示，2017 年 11 月 14 日，市场这一次杀跌。此后，上证指数貌似重拾涨势，再次扭头向下，对市场信心形成极大的打击，市场陷入极度低迷，成交量持续萎缩，小盘股泥沙俱下。一波三折后，迎来了一轮上涨行情。

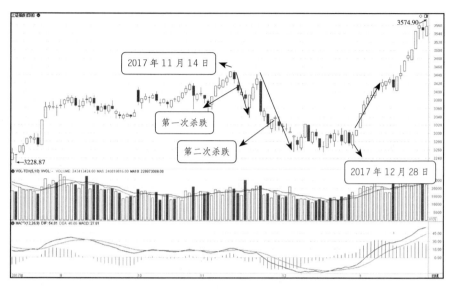

图 1-4　上证指数 2018 年第一波反弹走势图（一）

【学习小总结】

大盘自 2017 年 11 月 14 日出现第一波下跌，反弹三日之后，又出现第二波更为猛烈的杀跌，这对市场信心造成了极大的打击，主力借此洗出浮筹。

用一句话来形容这个过程，就是市场总是让人始料不及、逆大众思维而动的。经过这个阶段，不少投资者手中的股票很有可能有被套牢的趋势了，当然离深度套牢还有一定的距离。在这个阶段，投资者大多会抱着再等等的心态，期待市场出现一定的转机，然后再采取建仓的策略。用另一句话来说就是，此时市场还没有到让人绝望的时候，接下来还有可能反弹或出现反转，这是此阶段众多投资者的心理。经过第二波下跌后，在众多人的期盼下市场反弹出现了，确实让人看到了希望，但现实是残酷的，反弹预期的心理在又一轮下跌中彻底被击碎了。小幅反弹后，市场再次扭头向下，此时的市场极度恐慌，投资者最后的希望也破灭了，表现在个股身上，就是呈现出泥沙俱下的状态，市场出现了不惜代价的非理性抛售行为，导致跌停板的个股数目短期急剧增加。

对前期套牢的筹码来说，这一过程几乎就是在伤口上撒盐，投资者对市场已不抱任何希望了，因为就算市场出现反弹，他们在短期内也无力回天。频繁折腾的投资者经过这一过程后，再也不敢轻举妄动了。此时的市场非常脆弱，稍有利空或下跌都会导致大量抛售盘的涌出，这表现在市场上就是呈现出剧烈波动的状态，忽然大幅上涨，忽然大幅下挫。此阶段的情形如图 1-5 圈中部分所示。这也是企稳初期的一种正常表现，毕竟市场的恐慌一时还无法平息。经过这一过程，不少投资者已被折腾得体无完肤，剩下的只有绝望。而恰恰在这个时候，我们可以看到市场已在悄悄地发生转机了，如图 1-6 至图 1-8 所示，市场迎来了这波下跌以来的最大反攻。

经过 2017 年的这波下跌，相信不少投资者对市场又有了新的认识，主要包括以下两个深刻的体会：

第一，市场下跌初期并不是风险最大的时候，相反，经过初期的下跌后，市场普遍预期风险释放完毕，大多投资者憧憬反弹行情时，往往才是风险最大的时候；

第二，个股泥沙俱下，市场极度低迷或恐慌，当出现投资者不惜代价的非理性抛售行为时，我们要懂得逆市场情绪而动，懂得贪婪，没有必要跟随市场陷入悲观的气氛中。

图 1-5　上证指数 2011 年第一波反弹走势图（二）

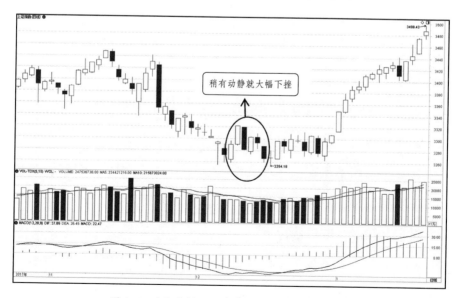

图 1-6　上证指数 2018 年第一波反弹走势图（二）

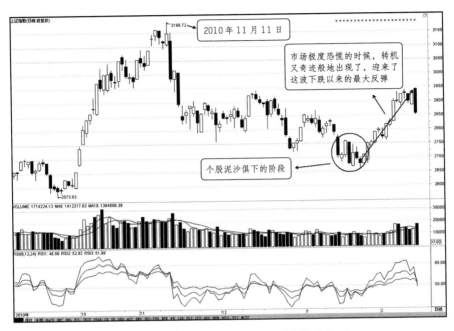

图 1-7　上证指数 2011 年第一波反弹走势图（三）

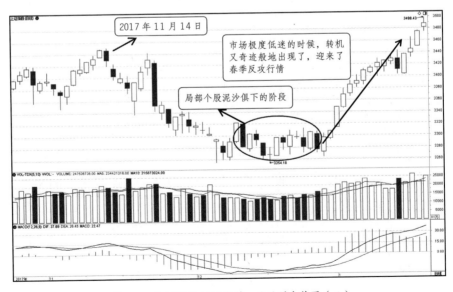

图 1-8　上证指数 2018 年第一波反弹走势图（三）

貌似无"庄"的假象与本质

一般而言，市场中的个股都会有机构或大户等主力资金的参与，机构资金包括基金、QFII、社保、保险等主流资金（即公募基金），除此之外还有个人大户等其他主流资金，它们都有可能成为个股的主导者。在前文，我们分析了主力建仓时动作都会相对隐蔽，很难被市场察觉，这在个股的波动上会表现为不温不火的走势，让人感觉资金正常出入，没有什么大的异动，只有在开始拉伸的时候我们才会发现大买单疯狂涌进的现象，超出平时买卖盘几个数量级的大单频繁出现。可是当我们发现这种大动作时，股价已经一骑绝尘了。所以很多人认为股票难做，而且不易从市场中盈利，就是因为市场存在一些具有隐蔽性的、不能如实反映市场本质的迷惑性的内容，投资者没有一定的经历和经验，很难揣摩市场的真正意图。这也是为何老股民相比新入市的投资者出现亏损的概率会较小的原因。当然有些事新老股民都懂，但懂不一定能产生实际的回馈，只有亲身经历过才能参透其中的道理，才能有更深刻的体会。对于这一逻辑，前文已重点阐述，在此不再赘述。

我们再来看看其隐蔽性的内容表现在哪里。市场上有上千只股票，对于个人投资者来说，很难面面俱到，跟踪所有股票的波动情况。而且对于这个市场来说，不少投资者根本不会特意去跟踪个股的波动，都喜欢追逐市场的热点，也就是当天或近段时间较为强势的个股。当然，这未尝不可，但这伴随着较大风险。对于大资金而言，短线要想进去这样折腾，几乎不太可能，就算盈利也很难做到在短期内全身而退。对于小资金而言，虽然可以去里面倒腾一下，但要想真正盈利，也不会这么简单，能够笑到最后的也是少数。所以，在考虑买入之前，一段时间的跟踪是非常有必要的，只有经过一段时间的跟踪，才能揣摩出当下该股所处的状态，而不至于被盘面波动的一些现象所迷惑，陷入追涨杀跌的旋涡。当然就算每天跟踪，也不一定能够参透市场中的本质，而且很有可能被貌似无"庄"的假象蒙蔽。

对比大盘与个股的波动，读懂波动的语言

市场总是处于涨跌的状态中，短期而言是一种无序运动，对个股单独进行局部观察，并不能窥探到运行的趋势，但对比来看，如对比大盘和指数的波动，会发现它们在向市场上表达本身的情绪，当然不是通过声音，而是通过涨跌来传达当下的状态，只是有时候我们不懂得观察罢了。如大盘上涨，你买的股票却不涨反跌，大家都涨，唯独你跌，这就是一种有问题的表现。也许是公司本身状况出了问题，虽然有时候不是真正的问题，但市场对公司一些坏的预期也可能引发公司阶段性的调整，如果只是市场的担忧的话，公司消化完压力后有望重回升势，但如果这种预期成为现实，自然也就成了有问题的表现；也有可能公司基本面没什么变化，但主力资金在这个位置采取了减仓的动作，即主力资金趁机出货的行为导致其与大势背道而驰。总之，面对市场发出的信号，我们要多留意与观察，虽然主力动作会有一定的隐蔽性，但不管其做得多隐蔽，多多少少都会表现在股价上。

综上所述，面对大盘上涨、个股却背道而驰的现象时，要多一份警惕，

尤其是个股本身已经过一轮不小幅度的上涨时，更需加以留意。在震荡中，其本质更容易表现出来，大盘上行时，若个股小幅上涨，那大盘回调时，它就可能大幅下挫。

如图1-9所示，在2010年11月前，市场从相对底部反弹，美罗药业（自2015年6月24日起，该公司股票简称由"美罗药业"变更为"广汇汽车"）经过一轮不小幅度的上涨，2010年11月10日达到阶段性高点，后市便进入了调整期。我们来对比一下大盘和美罗药业日K线走势期。图1-10与此类似。

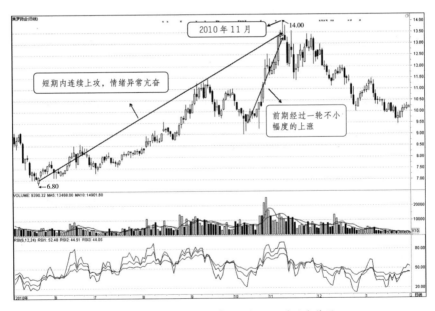

图1-9　美罗药业2010年11月10日前后走势图

如图1-10所示，大盘达到阶段性高点后进入了阶段性调整期，俗话说，下跌为个股的试金石，也就是说，大盘下跌过程中最能反映出个股的波动状态。大盘达到阶段性高点后第一波杀跌，美罗药业跟随市场出现杀跌走势。

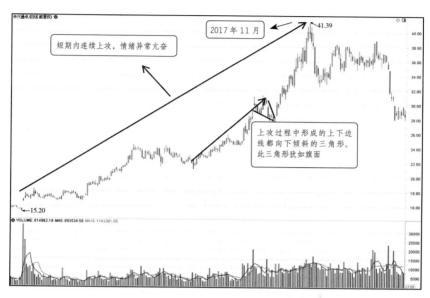

图 1-10　中兴通讯 2017 年 11 月 22 日前后走势图

【学习重点提炼】

"趋势"是股市盈利的关键所在，只要市场存在，多空双方的斗争就没法完全消灭另外一方。当一方占据优势的时候，就会走出趋势行情，即多方占优势走上升趋势，空方占优势走下降趋势。我们必须把握好这个趋势，毕竟"趋势"是有尽头的，在上升趋势里，最终的结局就是变成下降趋势。

【学习延伸】

如图 1-10 所示，从中兴通讯的 K 线图上看，我们能发现在一轮大的上涨过程中，上涨旗形出现的概率很大。原因很简单，上涨过程中总会伴随着阶段性调整，那就是三角形或是旗形的形成过程。

如图 1-11 至图 1-16 所示，对比大盘和美罗药业第一波杀跌的走势，两者很相似，而且两者下跌前的状态也很相似，都处于短期极度疯狂上涨的状态，一旦大事不妙，短期强势、获利颇丰的盈利盘更多地会采取套现的策略，落袋为安。面对这样的杀跌大势，个股也跟随其泥沙俱下，所以下跌初期，两者会出现相似的走势。我们继续往下看。

图 1-11　上证指数 2010 年 11 月 11 日前后走势图

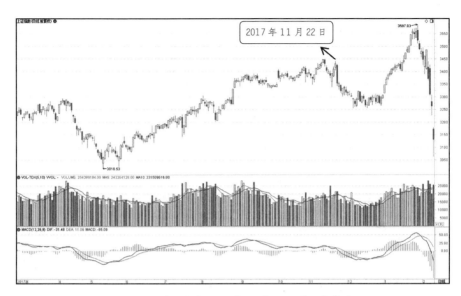

图 1-12 上证指数 2017 年 11 月 22 日前后走势图

图 1-13 上证指数 2010 年 11 月 11 日后阶段性高点后杀跌走势图

图 1-14　上证指数 2017 年 11 月 22 日后阶段性高点后杀跌走势图

【学习延伸】

2017 年 11 月，大盘指数从当月最高点下跌至当月最低点，跌幅超过 3%，但成交量却并未放大，伴随缩量大盘开始企稳，说明筹码集中，主力并未抛出筹码，蓄势等待下一波拉升的开始。

图 1-15　美罗药业 2010 年 11 月 10 日后阶段性高点后杀跌走势图

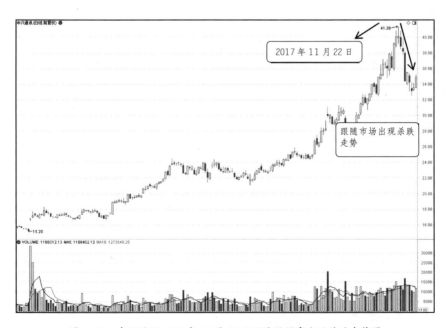

图 1-16　中兴通讯 2017 年 11 月 22 日后阶段性高点后杀跌走势图

如图 1-17 至图 1-18 所示，短期杀跌后大盘阶段性止跌企稳，出现小幅反弹，但这个过程中，反弹力度非常之小。一方面说明市场确实较为弱势，短期大幅下挫后，反弹力度非常之小就是一个很好的表现；另一方面说明市场情绪较为谨慎，场外资金进场并不踊跃，从而制约了反弹的力度。

图 1-17　上证指数 2010 年 11 月 11 日后阶段性止跌企稳后小幅反弹走势图

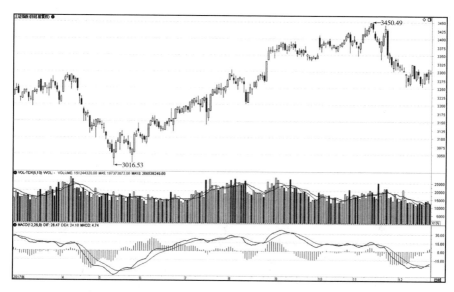

图 1-18　上证指数 2017 年 11 月 22 日后阶段性止跌企稳后小幅反弹走势图

我们接下来看看此时个股的表现。

通过图 1-19 至图 1-20 我们可以看到，美罗药业跟随市场经过一轮不小幅度的下跌后，市场止跌企稳，进入小幅反弹周期时，个股也随之反弹。美罗药业的反弹力度要大于大盘的反弹力度，经过这波反弹，美罗药业基本收复了失地。这是否是个股强势的表现？我们继续往下看。

如图 1-21 至图 1-22 所示，大盘上行受阻，再次下探，虽然下探至最低点创出了这波调整的新低，但收盘价仍在上次低点之上。

图 1-19　美罗药业 2010 年 11 月 10 日后阶段性止跌企稳后小幅反弹走势图

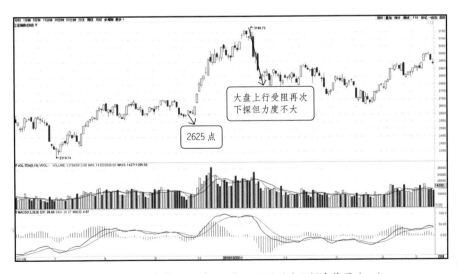

图 1-20　上证指数 2010 年 11 月 11 日后再次下探走势图（一）

图 1-21 上证指数 2010 年 11 月 11 日后再次下探走势图（二）

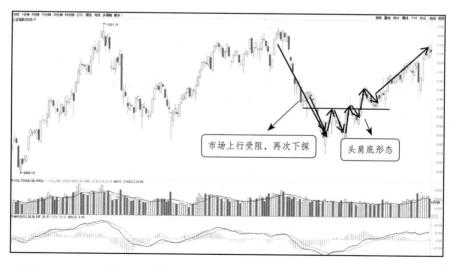

图 1-22 上证指数 2016 年 6 月后再次下探走势图

【学习重点提炼】

头肩底（顶）形态要点总结：

（1）头肩底（顶）形态都可演变为复合头肩底（顶）形态，在实战过程中，我们更多面对的是复合头肩底（顶）形态。

（2）成交量在突破颈线位所体现的重要性，头肩底形态远比头肩顶形态来得重要，道理就是向上需要更多的能量，向下往往可以自由落体。

（3）头肩底（顶）的最小量度涨（跌）幅等于最低（高）点到颈线位的垂直距离。

【学习延伸】

在头肩底（顶）形态中若是要突破向上，往往需要成交量的有效放大，不然会出现多重底（顶）形态。

【课后思考】

（1）面对头肩底形态，我们应该采取怎样的操作策略？

（2）能否试着在市场上找出三个头肩底形态，并给出理由？

如图1-23至图1-24所示，在大盘上行遇阻出现回调的情况下，美罗药业也出现了下探的动作，而且调整并没有达到这波下探的新低点。经过这两轮波动，即一上一下地跟随大盘的波动，它显得比大盘强势，反弹时力度大于大盘反弹时的力度，大盘下探时创出本轮调整的新低，而美罗药业只出现了小幅回调。单从波动状况来看，美罗药业要强于大势，这在很大程度上是由于背后有资金支撑。大盘小幅上涨，其反弹力度明显大于大势，而其回调时，跌幅也较小，主力此时真正的意图是什么呢？接下来是想继续上攻，还是想趁机出货？这是我们必须思考的。

图 1-23　美罗药业 2010 年 11 月 10 日后再次下探走势图

【学习延伸】

如图 1-24 所示，观察图中的上影线可以得知，此股目前调整还不够充分。上涨途中高位放量长上影线，从分时图可以看出走势很纠结，有拉高出货的嫌疑。

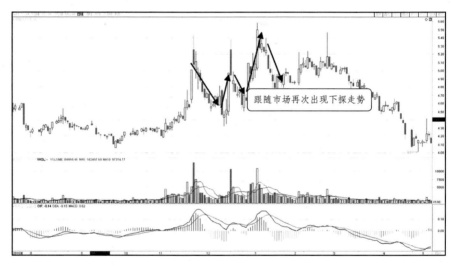

图 1-24　美邦服饰 2016 年 8 月再次下探走势图

如图 1-25 圈中部分所示，美罗药业震荡的位置处于前期积累一定涨幅之后，在场资金对此是存在一定的套现欲望的。此阶段强势的波动背后，资金的最终意图是什么？我们不妨继续往下看。如果此阶段的强势是主力资金的一种护盘行为，那么后市的波动值得期待；如果这种高位震荡是主力资金趁机出货的行为，则需引起我们的高度警惕——不管怎样乐观，警惕是必不可少的。继续往下看，市场行为会为我们揭晓最终的答案。

图 1-25　美罗药业 2010 年 11 月 10 日后阶段性震荡走势图

【学习延伸】

　　如图 1-26 所示，从金字火腿的 K 线图上，我们能发现在一轮较大的上涨过程中，上涨旗形出现的概率是很大的。道理很简单，上涨过程中总要进行阶段性调整，从而形成了旗形。三角形及其演变形态的本质就是多空博弈产生的结果，旗形实际上就是一个有逼空或是逼多的行情中，阶段性的平衡状态而已，不过最终方向都是延续大趋势而已。

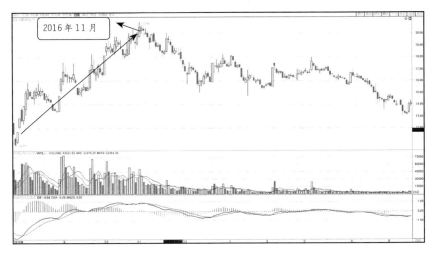

图 1-26 金字火腿 2016 年 11 月 10 日后阶段性震荡走势图

如图 1-27 所示，总共 5 个交易日大盘为横盘震荡的走势，上下波动并不大，整体没出现什么涨跌幅，但重心还是有所抬高。图 1-28 情况与此类似。

图 1-27 上证指数 2010 年 12 月 1 日至 2010 年 12 月 7 日走势图

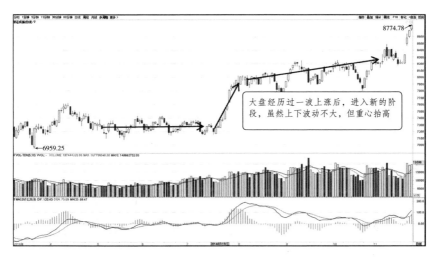

大盘经历过一波上涨后，进入新的阶段，虽然上下波动不大，但重心抬高

图 1-28　深证成指 2014 年 7 月至 2015 年 3 月走势图

　　同期美罗药业走势如图 1-29 圈中部分所示，总共 5 个交易日，整体为震荡走低的走势，重心下移，相比前几天强于大盘的走势，在这波走势中情况有所变化，其走势开始弱于大势，大盘整体重心保持上移，而美罗药业却开始走低。大盘在这 5 个交易日中并没有出现中阴杀跌的走势，而美罗药业在这 5 天中却出现了一根中阴的走势。前面我们说过，面对大盘上涨而个股不涨还跌的情况，我们要加以留意。当然这只是短期的波动，或许还不能全面地反映问题。

　　如图 1-30 所示，大盘在 4 个交易日中先抑后扬，出现了 2 根小阴线、2 根中阳线，整体保持上涨的走势。2010 年 12 月 8 日以前，大盘基本上保持平台整理的态势，上上下下，但其中的波动并不大，图中显示了自下跌后大盘的波动状况。

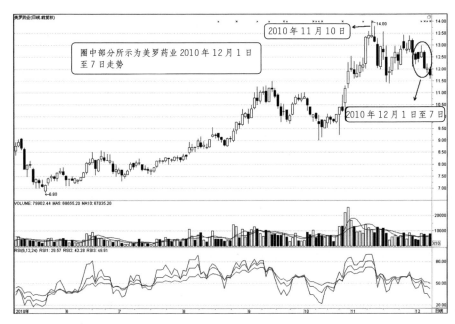

图 1-29　美罗药业 2010 年 12 月 1 日至 2010 年 12 月 7 日走势图

图 1-30　　上证指数 2010 年 12 月 8 日至 2010 年 12 月 13 日走势图

【学习延伸】

如图 1-31 所示，深证成指大涨，但量能很低，如果继续上涨，容易出现量价背离的现象，不利于后市稳步上行。查看当日分时图发现，拉升时指数一直在均线上运行，说明资金抢筹明显，人气聚集，较为强势。

【学习重点提炼】

如图 1-31 所示，深证成指自 2014 年 8 月突破 10475 点后，出现上下振幅 12.3% 的箱体运动，但量能上整体放大，是加仓的体现，市场信心恢复，后市有望保持强势表现。

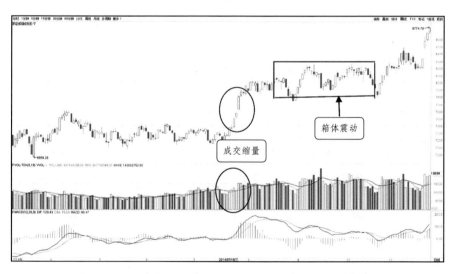

图 1-31　深证成指 2014 年 5 月 15 日至 2014 年 9 月 29 日走势图

同期美罗药业的走势情况如图 1-32 所示，4 个交易日中，出现 3 根阴线 1 根阳线，而且重心有所下移，相比大盘 2 阴 2 阳重心上移的

状态，美罗药业明显再次弱于大势。这种再次弱于大势的走势应引起
我们高度警惕，这说明前期的弱势可能并不是偶然，而有可能是开始
走弱的信号。对于后市而言，我们必须要想到的是，在大盘震荡重心
上移的情形下，美罗药业却出现了背道而驰、重心不断下移的走势，
要是接下来大盘出现稍微大点的跌幅，不排除美罗药业出现大跌走势
的可能性。图 1-33 展示的山东威达的情况与此类似。

图 1-32　美罗药业 2010 年 12 月 8 日至 2010 年 12 月 13 日走势图

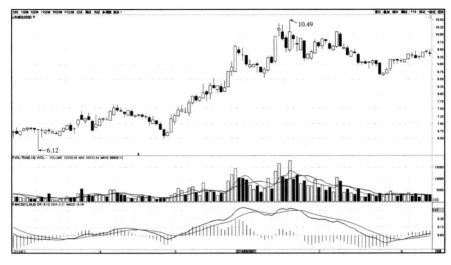

图 1-33　山东威达 2014 年 4 月 8 日至 2014 年 6 月 13 日走势图

　　从形态来看，美罗药业阶段性走势形成了一个 M 形态，图 1-34
圈中部分所示为 M 形态的颈线位附近，此关键位置是多空争夺的重点，
一般而言，在市场相对稳定的情况下，在此重要位置，主力资金一般
不会让空头轻易攻破。图 1-35 所示情况与此类似。

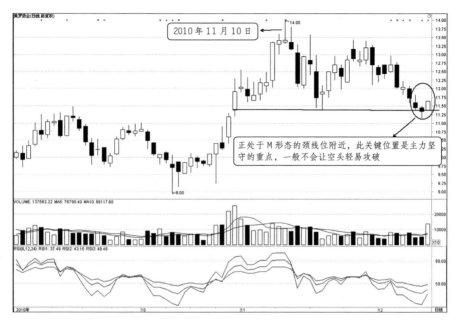

图 1-34　美罗药业 M 形态走势图

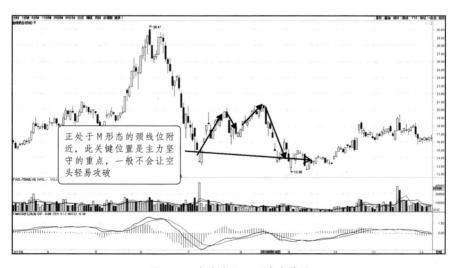

图 1-35　金陵药业 M 形态走势图

【学习延伸】

当反弹高度难以再上新台阶时，形态上也就更容易形成顶，一旦形成累积，能量体的威力是惊人的，再结合破位的走势，见顶的结论才能确定下来。

我们继续往下看。如图 1-36 所示，在前期两根中阳貌似已突破的情况下，市场出其不意扭头向下，在一片乐观声中市场再次偃旗息鼓，6 个交易日中出现了 5 根下阴线，市场重回区间震荡的下轨附近。

图 1-36　上证指数 2010 年 12 月 20 日至 2010 年 12 月 27 日走势图

同期美罗药业走势如图 1-37 所示，投资者不想看到的事情还是发生了。前面我们分析了重要的两点，一是大盘上涨时，个股却不涨还跌的情形，哪怕是跌一点，都应该引起我们警惕，原因前面已分析了，这里不再赘述。我们还应注意，如果个股出现与大盘背道而驰的走势，也就是大盘重心上移而个股却出现小跌，一旦大盘出现下跌，不排除其出现大幅下跌走势的可能性，这是我们上述分析的其中一点，还有一点就是形态的重要性。我们要记住，一般情况下，重要阻力位不会轻易被攻破，要是出现跌破的情况便须重点留意，阶段性弱势或许不可避免，就算不是主力资金出逃，主力资金要想重新运作上去，也需重新聚集能量。图1-38所示情况与此类似。

图 1-37　美罗药业 2010 年 12 月 20 日至 2010 年 12 月 27 日走势图

图 1-38　中颖电子 2015 年 9 月 8 日至 2016 年 3 月 2 日走势图

如图 1-39 所示，因恐慌情绪蔓延，创业板指大盘下跌。

图 1-39　创业板指 2015 年 9 月至 2016 年 3 月走势图

前期对比大盘的走势，在大盘重心上移时，美罗药业却出现了重心下移的态势，且情况愈来愈明朗，说明前期的弱势并不是偶然的，这很有可能是部分主力资金趁机出逃的结果，就算不是全部主力资金出逃，部分主力资金出逃是可以确定的。这也是个股在不可能轻易跌破的重要支撑位却跌破了的原因。接下来的结果就是"树倒猢狲散"，大盘稍跌，美罗药业出现了破位大幅下挫的走势，我们可以对比下面3张图——图 1-40 至图 1-42。

大盘阶段性处于反复震荡的走势，如图 1-42 圈中部分所示，经过连续几天的下挫还没有创本轮调整的新低，区间震荡的格局仍未被打破，这是大盘调整以来的运行状态。

图 1-40 上证指数反复震荡走势图

2018 年 10 月 10 日

1184.91

图 1-41 创业板指反复震荡走势图

我们再来看看个股美罗药业的走势，如图 1-42 所示，当大盘还没创出新低时，美罗药业已创出了新低，其过程在前面已详细分析了，最终演变成当下的格局。其演变过程遵循以下逻辑（这也是弱势特征个股相对于大盘的运行规律）：大盘上涨时个股不涨或还出现下跌的，一旦大盘下跌，个股便急速下挫，最终大盘在原地反复，而个股很有可能在反复中一泻千里，这也从侧面说明，大盘下跌初期并不是个股风险最大的时候，相反，大盘下跌的中末期往往是个股风险的集中释放期。为何会出现此类走势？从主力资金的角度考虑就是：在下跌的初期，大盘急速下挫，往往会伴随着中阴杀跌的走势出现，当然在这个过程中，个股也会跟随之急速下探，但此时主力资金短期内还很难全身而退，主力护盘的意愿会相当明显，这一点表现为在大盘短期杀跌企稳或出现小幅反弹的状况下，个股的反弹力度会明显大于大盘的

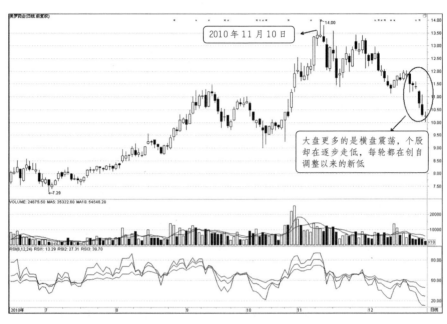

图 1-42　美罗药业逐步走低走势图

反弹力度，就像前面分析的美罗药业跟随大盘出现的第一波下挫，大盘止跌企稳只出现小幅反弹，而美罗药业却反弹至前期高点附近，表面上看起来强势特征非常明显，表现出明显的抗跌性，看到这种情形，在场的资金很有可能被这种表面现象迷惑，从而很好地稳定了军心。

如图 1-43 所示，大盘更多的是横盘震荡，欧菲科技（自 2019 年 3 月 27 日起，该公司股票简称由"欧菲科技"变更为"欧菲光"）却在逐步走低，每轮都在创自调整以来的新低。

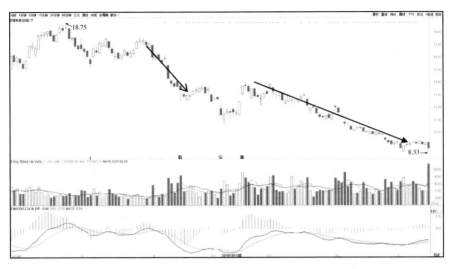

图 1-43　欧菲科技逐步走低走势图

【学习重点提炼】

牛散大学堂一贯坚持"提前、深度、坚持、大格局"的九字方针。说到美罗药业，要么提前介入，享受利润，要么及时止盈，遵守纪律，切忌在市场众所周知的口号和风口形成后才后知后觉。另外，必须结合当下市场交易情绪，不可盲目操作，否则市场会给你一个大大的教训。

【课后思考】

（1）找出 3 只一直走慢牛或长牛行情的个股，并判断、分析它们之所以如此的理由。

（2）在实战中，如何在下跌或是上涨行情中利用形态做出最佳决策？

（3）如何结合大盘和个股反弹的程度力度，预测个股未来的走势？

对于场外资金而言，尤其是对于喜欢追涨杀跌的投资者而言，看到短期大盘急跌，很有可能认为阶段性风险已得到了很大程度的释放，此时可以安心进场。大盘反弹时，投资者发现个股反弹力度明显大于大势，很有可能就被吸引进入了，但这只是表面现象。抱有此种心态的投资者，在很大程度上是由于没有深刻地认识到真正的风险源于大势下跌的中末期而非前期。稳定了场内资金的心态，同时还能吸引急于抢反弹的资金的涌入，此时主力资金要想进出就很从容了。"树倒猢狲散"，其真正本质在后市中将得到体现。

操
盘
手
记

你的心热吗？

甲：热吗？

乙：很热。

甲：天气热还是心热？

乙：都热。

甲：看得出，你内心无法平静，很难受，能自我调节好吗？

乙：可以的。

甲：那我就不多说啦，呵呵，只是看到你刚才的样子实在忍不住发问。

乙：我其实在等你问。

甲：问一下感觉好很多了吗？

乙：嗯，被你一问，那团热的能量开始自由释放开来了。

甲：我的一问犹如针尖？

乙：没错，舒服多了。

甲：还能飞吗？

乙：飞？

甲：你的心还能飞吗？

乙：嗯，可以，它飞到中信大厦上方了。

甲：你应该在白云之上，你还可以飞得更高。

乙：嗯，我在尝试，我确实要飞回去了。

甲：记得你曾经跟我说过，你的心自由飞翔在蓝天白云上，我为你感到骄傲。

乙：呵呵，一时的低飞无碍高飞的常态。

甲：飞得更高点吧，喜马拉雅山在前方等着你呢。

乙：不是月球吗？

甲：哈哈。

心热，是烦躁的表现，也是人心浮躁的表现，更是冲动的流露。一个人心热的时候，能量需要被引导，稍有不慎就可能误入歧途，走火入魔。冷静，好好思考，思索，沉静，让心恢复平和、平静，才能让自己回到过去，回到真正属于自己的天空。

热过头，就很容易忘却自己，这是可怕的。这个时候，有人能及时让你清楚自己到底是谁，让心冷却下来，这是幸运的，更是幸福的。飞起来，那是一种身轻如燕、无往不利、所向披靡的状态。你能，我也能，就看你的心是否愿意飞起来了。静下来，一切皆有可能，你说呢？

现实与梦境其实是一样的

甲：压力挺大的，战役明天就要打响了。

乙：没把握吗？

甲：没有绝对把握，但一想到有可能出现失败，心中就有一种莫名的恐惧。

乙：恐惧是因为你输不起吗？

甲：或许是，不过更可能是因为太渴望胜利了。

乙：没有做最坏的打算吗？

甲：有的，只是……怕输啊。

乙：进入梦境吧。

甲：呵呵，别开玩笑了。

乙：没有开玩笑，进入梦境，让当下的恐惧化为乌有。

甲：对当下而言，这没有任何意义呀。

乙：植入记忆。

甲：你怎么啦？

乙：我刚看完《盗梦空间》，还没从电影里走出来。

甲：别这样好不好？帮我思考下，看我到底该如何应对。

乙：很简单，让你的恐惧减弱。

甲：怎么做？

乙：做最坏的打算，假设现在已经是最坏的情况了，请问你现在会不会死？

甲：肯定不会，不过跟死也差不多了，至少心理感受是一样的。

乙：好，那就让自己痛快死一次吧。

甲：可我还不想死呀！

乙：谁都不想死，但你是否知道，其实死并没你想象的那么可怕，每天都有很多人离开这个世界，你我也有可能随时遭遇突发的事件，比如大地震，虽然概率很小，但每个人都不可避免地会面临这样或那样的无常。既然你选择了有可能让你死亡的道路，就好好走下去吧，别到了最后才后悔。就算最后死亡了，我想你也是成年人，该知道怎么面对吧。

甲：啊！我是混蛋！

乙：不，你是最棒的！

甲：对，我是最棒的！我一定要尽全力……不管是否是梦境，既然来到了这世界，就要干点大事！

乙：《盗梦空间》里有句经典台词：既然是在做梦，那就要做大点！其实做梦跟现实都一样，现实也是梦境，既然是现实，要做你就尽情去做大点吧！

甲：明白！

乙：好，干杯……喝茶！

在喝茶中品味人生，是一种境界，人需要这样的境界。死又何惧？

人生总会在某个时刻面临非常重大的抉择，或者陷入非常重大的困境，此时，无论是梦境还是现实，其实都一样，那就是必须让自己深刻理解"放下"，只有放下了，才能对死释然，只有释然了，一切才有可能变得积极。

做梦就要做大点，现实也如此，要做就做大点，尤其是当你已经投入的时候。为即将到来的一切困难祈祷，只要我们尽力了，没什么好害怕的。死是必然的，想清楚就好，尽力就好，喝茶就好……你说呢？

让场外资金读懂自己

有时候主力资金的动作需要保持隐蔽性，如在上述所分析的建仓吸筹阶段；而有时候主力资金需要让市场读懂自己，这就是我们接下来要分析的主力建仓基本完毕、主力拉升之前的阶段。

为什么需要让市场读懂自己？这个问题相信大家都不难理解，因为建仓基本完毕后，接下来最重要的就是尽可能让股价脱离建仓的成本区。在这个过程中，我们会发现主力的一些拉抬动作，但动作一般不会很大，也不会像真正的拉升阶段那样具有持续性。这些动作的发生就是有主力资金在里面运作的迹象，此时对于主力资金而言不需要太隐蔽，相反时不时拉抬一下是正常现象，一方面可以吸引跟风盘的涌入，从而使股价达到脱离成本区的目的；另一方面也是一种试盘动作，试探性进攻，看看筹码的松紧情况。在这个过程中，个股的股价波动相对比较大，时不时会冒出一根中阳线或一根中阴线，振幅会明显加大，这也是众多投资者被甩下马背的阶段。以上是心态浮躁的投资者很难盈利的原因，因为心态浮躁者很难禁受得住这种剧烈的震荡，禁受不住，也就意味着无法见到雨过天晴后的彩虹。个股的这种运行规律，把迈不过这道坎儿的投资者关在了盈利的门外。

这个试探性进攻过程，对于主力资金而言也是非常重要的阶段，其目的在于试探筹码的情况。一般主力采取行动的形式就是剧烈地震荡，从而达到清洗浮筹的目的，短线客在这个震荡过程中很有可能被清洗出局。此类行动如短期中大阳上攻后，在接下来的交易日中大幅下挫，如此一上一下的折腾走势，很容易就能达到清洗浮筹的效果，为后市的进一步上扬扫清障碍。

形态的重要性

上文我们分析了在主力建仓基本完毕、开始拉升之前的阶段，往往都会伴随着剧烈震荡的走势，其实这里存在资金在里面折腾的迹象。折腾为了什么？无非就两点：一是为了筹码；二是为接下来进一步上扬扫清障碍。不管为了哪一点，最终的目的是一致的，那就是为后市的精彩上扬做准备。所以对相对低位或阶段性还没有什么起色的个股而言，出现剧烈震荡的走势其实是好事，没有必要对这种剧烈的短期震荡走势感到畏惧，相反应充满信心。怕就怕没胆量也没出现什么折腾走势的个股。所以从某种程度上来说，折腾其实就是主力暴露自己意图的一种表现，只是很多人只看到了表象，而看不透本质。

前文中我们重点阐述了形势往往不能如实地反映市场内在的本质，而更多的是一种逆市场本质的表现。这是主力让市场读懂自己意图的一种方式，也是主力将要显山露水的开始，我们为何偏要对此感到畏惧呢？越是害怕，越是远离，我们离盈利的距离就越远。俗话说，最危险的地方往往是最安全的地方，就是这个道理。除此之外，主力还有哪些途径让市场读懂自己呢？

毋庸置疑，形态是主力让市场读懂自己的一种重要方式，既然如此，形态也就显得无比重要，不论是在建仓期、突破前夕，还是在拉升阶段及最后的出货阶段，形态都发挥着重要的作用。不可否认，市场中的众多投资者选择目标标的、买入目标标的，或最终结束这笔交易都是从技术面进行的，其中形态是其重点参考的对象。所以这也促使主力利用形态来有效地达到最终目的，一个好的形态对主力资金的运作有时候可以起到事半功倍的效果，比如在拉升之前构筑的是一个强烈的看涨形态，后市一旦完成形态，同时完成一些重要位置的突破，无疑很容易引起市场资金的共鸣，尤其是依照技术面操作的资金，看到强烈的看涨形态完成了重要位置的突破，很有可能就蜂拥而至。这样一来，对于主力资金而言不必动用一兵一卒，就能达到预期的效果，同时如果能够引导一下的话更能激起市场大的反响。相反，一个不利于主力资金运作的形态很可能需要花费更多的成本，或需要更大幅度地拉长战线才能达到应有的效果。这不难理解，如短期形态走差、出现看跌形态，或跌破重要支撑位，很有可能导致大量抛售盘的涌出，这对于想运作上去的主力资金而言，无疑是非常不利的，要么投入更多的资金承接市场的抛售盘，防止价格的下滑；要么延长战线，重新修复形态或技术指标。不论哪一点都需要付出更多的成本，所以形态的重要性可见一斑。不论对个股还是期货，这一点都很常见。现在我们来看看市场中一些常见的例子。

如图 1-44 所示，借助 2015 年年中股灾顺势洗盘，紫光股份从 8 月 18 日开始在底部构筑了一个头肩底的形态，颈线位即 60 元，9 月 21 日即告突破确立，但贪心的主力在洗够浮筹之后，启动之前仍要洗一把，两个交易日之后，在消息面的配合下，便开始暴力拉升，短时间内便翻倍。这便是形态引导的威力。图 1-45 中海普瑞的情况与此类似。

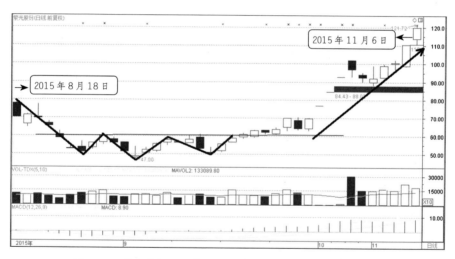

图 1-44　紫光股份 2015 年 8 月 18 日至 2015 年 11 月 6 日日线图

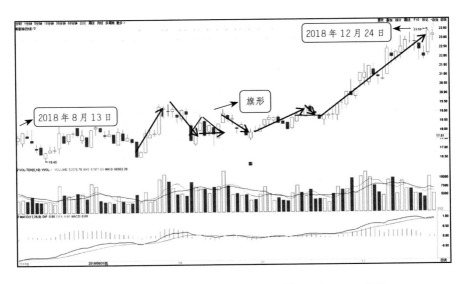

图 1-45　海普瑞 2018 年 8 月 13 日至 2018 年 12 月 24 日日线图

【学习延伸】

在上涨阶段中，旗形的旗面所对应的成交量体现为随着涨幅增大而减小。原因是，由于旗形是上涨过程中调整状态的体现，过程中随着空方的出局，多方逐渐占据优势，反映在盘面上，必然是逐步递减的，因此就是依次递减。

个股的走势也是如此，对于主力资金而言，要做的就是制造预期，首先让市场读懂自己，被市场充分了解，这对预期的实现将起到很大的促进作用。当然这也离不开主力资金的引导，在一些关键点位如重要阻力位，我们常常可以看到有大量买单主动发起进攻，伴随着量能的放大和最终的突破；同时在跌至重要支撑位时，会看到大单频出，防止其进一步下滑。这种重要阻力位的突破或重要支撑位的企稳也将进一步强化后市上涨的预期，一旦该个股稍有上攻的动作，很容易就能达到吸引跟风盘的效果，实现最终预期的股价也就水到渠成了。

如图 1-46 所示，2010 年逆市走强的个股代表——*ST 古汉（自 2016 年 4 月 12 日起，该公司股票简称由"*ST 古汉"变更为"启迪古汉"），很明显在上涨前夕构筑了一个大头肩底形态，突破颈线位走出了一波凌厉的升势，形态的重要性在这里再次得到很好的体现，让场外资金读懂自己后的成果逐步体现了出来。市场投资者是否能读懂盘口语言，决定其最终盈利与否。如图 1-47 所示，天虹股份情况与此类似。

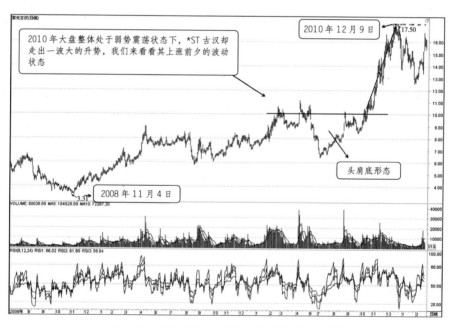

图 1-46　*ST 古汉上涨前夕大头肩底形态走势图

图 1-47　天虹股份上涨前夕大头肩底形态走势图

【学习重点提炼】

　　形态第一，成交量第二，不同环境会有不同的变化，需要灵活应对，关键区域成交量的影响会很大。如图 1-48 所示，在上涨阶段左肩的成交量往往会偏大，因为在市场上行过程中，多空博弈，成交量必然偏大。底部的成交量和突破时的成交量越大，头肩底形态往往更牢固，突破后的威力越惊人。

【学习延伸】

　　头肩底形态等任何形态，最后爆发力度的大小和形态持续的时间长短是有必然关系的。如果时间跨度长，并且是看涨形态，应耐心持有，等待突破的来临！

构筑想象空间

在这里我们需要清楚以下两个问题：第一，量度涨幅的问题；第二，形态与最终行情爆发力的问题。上面我们分析了形态的重要性，也就是主力让场外资金读懂自己的一种方式。主力资金让市场读懂自己，不单单是告知市场接下来有可能发动一轮行情，而且对于大概的涨幅，主力资金也会给市场一个预期，也就是构筑一定的想象空间。这样对场外资金更具煽动性，在拉升时也容易吸引跟风盘的涌入，自然更有利于后市的进一步运作。

构筑一定的想象空间从哪里体现，是我们接下来要重点谈及的问题。上述所说的形态就是构筑想象空间的一种方式。阶段性构筑的形态被突破后，量度涨幅也是主力资金向市场传递的一个上涨预期，这也是我们需要弄清楚的第一个问题。对于量度涨幅，相信大家已有一定的认识，在《操盘论道深入曲：抓住形态》中，对于量度涨幅也有较为详细的阐述，有兴趣的投资者可以找来一看。举一些简单的例子，如头肩底形态一旦突破颈线位，一般而言后市出现量度涨幅还是可期的，对于这一形态来说，量度涨幅就是其头肩底形态的最低点到颈线位的垂直距离；还有我们经常看到的圆弧底形态，其量度涨幅就是圆弧底的最低点到颈线位的垂直距离。

对于上涨旗形而言，衡量量度涨幅有两个方法：一是整理所形成的旗面的宽度；二是衡量旗杆的长度。对于矩形整理的形态，量度涨幅一般为矩形的宽度。还有一些基本形态中量度涨幅的计算方法，在这里就不详细阐述了。量度涨幅之所以容易成为主力构筑未来想象空间的重要形式，是因为市场对其形成了一个共识，市场的这种共同预期的叠加，很有可能使预期成为现实，最终能够走出这样的行情，也就不足为奇了。这也是为什么主力要想在个股身上酝酿一个大级别的行情时，都离不开初期的反复筑底阶段，就像要建一栋高楼大厦，首先要做的就是打好地基，不同高度的建筑，地基的相对大小也不同，俗话说：横有多长，竖有多高，也是这个道理。当然初期的反复筑底，不单单是为了构筑未来的想象空间，完成筹码的收集也是此阶段的重要任务。

回到上面的问题，初期的反复震荡、筑底过程其实就如同建房时地基的构筑过程，地基的大小必须与房子的高低相匹配，这也是我们需要探讨的第二个问题，形态的构筑与最终爆发力大小的问题。哪些形态具有较大的爆发力？一般而言，市场中常见的形态分为以下几种：头肩形、圆弧形、双底形、岛型、矩形等，其蕴含能量的大小需具体问题具体分析，不能一概而论。在分析时，我们需要结合以下两点去看：一是时间的跨度；二是构筑过程中成交量的配合情况。一般而言，时间跨度越大，成交量配合得越好，那么其一旦启动，最终的爆发力也会更具震撼效果。

如图 1-48 和图 1-49 所示，山推股份自 2008 年年底以来一直处于横盘震荡格局，横盘近两年时间。2010 年 10 月放量长阳突破区间震荡的上轨，之后便迎来了一波凌厉的升势，"横有多长，竖有多高"在这里得到了淋漓尽致的体现，长时间跨度所积聚的能量在突破后也得到了极大的宣泄。我们可以看到，除了时间跨度比较大外，其整个过程中量能的配合也较好。图 1-50 中天虹股份的情况与此类似。

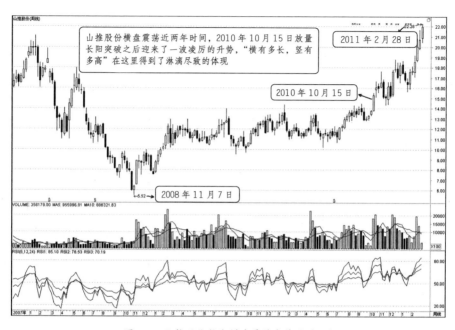

图 1-48 山推股份长期横盘震荡走势图（一）

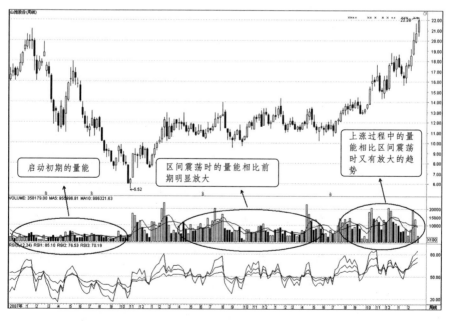

图 1-49 山推股份长期横盘震荡走势图（二）

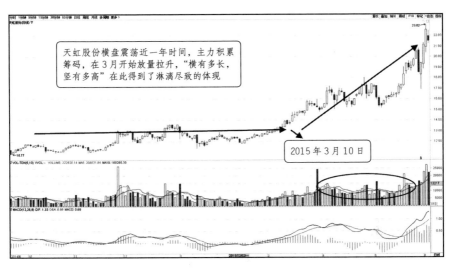

天虹股份横盘震荡近一年时间，主力积累筹码，在3月开始放量拉升，"横有多长，竖有多高"在此得到了淋漓尽致的体现

2015年3月10日

图1-50 天虹股份长期横盘震荡走势图

【学习小总结】

由于新零售板块活跃，整体量能放大，带动天虹股份进入上升通道，板块赚钱效应明显，成为孕育新牛股的摇篮。

区间震荡时的量能明显大于寻底时的量能，同时突破区间震荡的上轨后的量能也明显放大，量价配合完好。两者互相配合，其最终能走出来也是情理之中的事了。在市场中还有许多这样的例子，在这里我们不再一一列举。懂得运用其中的一些规律，同时不要无视市场向我们发出的信号，适时把握其中一些能够把握的机会，足矣。

当然，在市场中也不乏形态非常完美但最终无法走出来的例子，更甚者不但没有走出来，而且很多时候还出现了相反的效果。这一点就是我们接下来要分析的重点，即不要迷信，任何事物都需要辩证地看待，形态也不例外，尤其是对于瞬息万变的资本市场，更要灵活辩证地看待市场中的问题。

辩证地看形态

对于主力而言，既然可以利用形态来达到预期上涨的目的，同样也可以在编织美梦后就结束整个战役，做到全身而退。所以对于形态，我们不能不在意，也不能太在意，需要辩证地看待。如何辩证地看？这是我们需要重点探讨的问题。我们需要了解主力是在构筑未来，还是在编织美梦。如果是在构筑未来，我们就有必要跟随市场起舞，如果是在编织美梦，我想再美好的梦终归还是会破灭。

有一个简单但较为实用的办法，就是看当下处于哪个阶段，这个形态的构筑是在一轮大幅上涨后还是处于相对低位，又或者处于阶段性有一定涨幅但涨幅并不突出的背景下。如果形态的构筑处于阶段性已有较大涨幅的情况，这很有可能是主力在编织美梦中掩护出货；如果处于相对低位或阶段性有一定涨幅但并不明显的情况，很可能就是主力在为未来上涨打基础的阶段。

如图 1-51 所示，2009 年小牛行情，山推股份并没有出现大的涨幅，随后就一直处于横盘震荡的阶段，区间震荡时间将近两年之久，这个过程中，大盘处于宽幅震荡的状态，其走势却相对独立，整体维持横盘的状态，最终在 2010 年 10 月 15 日放量突破区间震荡的上轨。酝酿如此之久后，完成形态的构筑并成功突破，你认为前期如此之久的形态构筑及之后的突破动作，是实质性地走向未来还是在编织美梦？

我想遇到这种情形，不管是哪种情况都值得我们去搏，只要我们去做了，不管结果怎样，总比整天踌躇不前，想去争取但又不敢行动要好。

除此之外，我们在市场中不乏看到类似的例子。

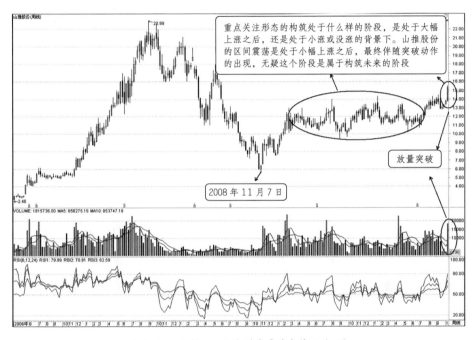

重点关注形态的构筑处于什么样的阶段，是处于大幅上涨之后，还是处于小涨或没涨的背景下。山推股份的区间震荡是处于小幅上涨之后，最终伴随突破动作的出现，无疑这个阶段是属于构筑未来的阶段

2008 年 11 月 7 日

放量突破

图 1-51　山推股份长期横盘震荡走势图（三）

【学习重点提炼】

　　如图 1-52 所示，和山推股份一样，华媒控股在拉升之前有将近 60 个交易日的横盘状态，如此之久的构筑和突破动作，使未来走势一冲云霄。在做多的过程中人气高涨，题材活跃，给后市进一步走高打下基础。

图 1-52　华媒控股长期横盘震荡走势图

　　如图 1-53 所示，重庆啤酒自 2008 年年底止跌企稳后，跟随大势进入上涨趋势，但很明显，这期间的涨幅并不突出，随后便进入横盘震荡的格局，2010 年 3 月 30 日放量上攻突破区间震荡的上轨并伴随向上跳空缺口。前面我分析了判断市场背后真正意图的一种简单方法，就是看其当下所处的阶段，是处于大幅上涨之后，还是处于相对底部或前期涨幅不大的基础上，很明显此处长期横盘震荡的格局出现在前期涨幅并不明显的背景下，长期的横盘后伴随着向上动作的出现，无疑更多的是一种实质性上攻动作的体现。市场没有绝对可言，我们要做的是懂得把握一些大概率的机会，同时如果能够懂得回避一些大概率的风险，最终能赢的概率自然也就提高了。图 1-54 中普路通与此情况类似。

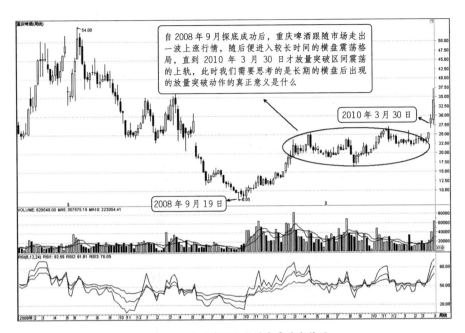

自2008年9月探底成功后，重庆啤酒跟随市场走出一波上涨行情，随后便进入较长时间的横盘震荡格局，直到2010年3月30日才放量突破区间震荡的上轨，此时我们需要思考的是长期的横盘后出现的放量突破动作的真正意义是什么

2010年3月30日

2008年9月19日

图1-53 重庆啤酒长期横盘震荡走势图

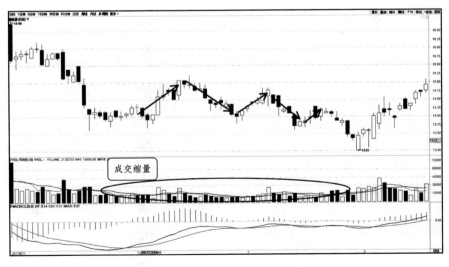

成交缩量

图1-54 普路通长期横盘震荡走势图

如图 1-55 所示，重庆啤酒凌厉的升势向我们表明，其前期的突破动作就是实质性的进攻动作，而非编织美梦、寻求全身而退的行为。所以面对市场的波动，我们需要弄清楚其背后真正的意图，而非一味地跟随市场起舞，整天追涨杀跌，最后很有可能因小失大。我们除了需要有果断出手的勇气外，还要耐心坚守，不要因为市场一时的震荡而冲动离场，这样只会让我们失去更多机会。

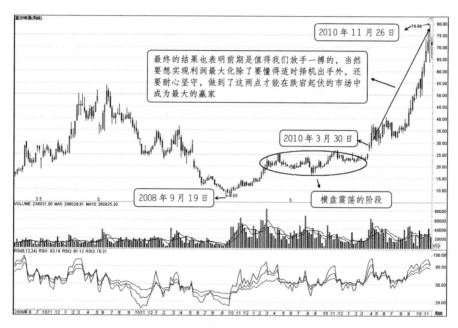

图 1-55　重庆啤酒凌厉拉升形态走势图

如图 1-56 所示，华媒控股前期震荡洗盘，洗清浮筹，收集筹码，此时还需耐心坚守，才能成为最大的赢家。

图 1-56　华媒控股凌厉拉升形态走势图

　　既然主力资金可以用形态来达到预期上涨的目的，那么也可以编织美梦以达到全身而退的目的，所以要辩证地看待形态。市场中这样的例子举不胜举，这也是市场最大魅力之所在，真真假假，假假真真，让人丈二和尚摸不着头脑，导致很多人难以在市场赢利。

　　对于 2010 年国庆后的一波大幅上扬行情，相信大家还刻骨铭心，如图 1-57 所示，短期内上证指数连续走高，升势凌厉。做空动能得到一定程度的宣泄后，便进入了区间震荡的格局，随后再次向上突破并伴随着向上大幅跳空缺口，这是再次进入高潮还是上演最后的疯狂？这是市场中的每一个投资者都必须重视的问题。从资金博弈的角度来说，在短期获利颇丰的情况下，不管是谁都存在套现的欲望，你认为在此情况下，做多做空哪一方能实现利润最大化？

　　如图 1-58 所示，华泰股份短期大幅上扬随后便进入了短期的区间震荡，构筑了一个整理平台，这是新一轮行情的开始还是主力在编织美梦。

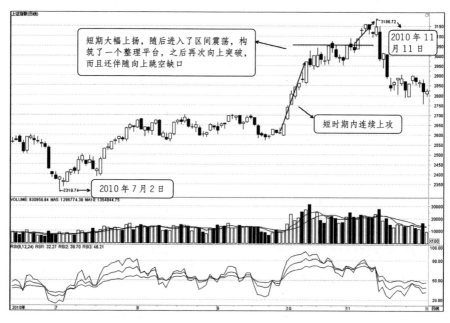

图 1-57　上证指数 2010 年 10 月后区间震荡走势图

图 1-58　华泰股份 2017 年 2 月后区间震荡走势图

【学习重点提炼】

华泰股份在 2017 年 1 月至 2017 年 2 月初进行区间震荡，3 月放量突破整理平台。由上两个分时图分别显示上证指数和华泰股份的区间震荡空间、幅度。

在市场情绪异常亢奋的背景下，尤其是再次突破整理平台向上迈进时，更是让人情绪高涨，此时对于主力而言，做空无疑更易实现利润最大化。如果继续做多，从对手盘来考虑的话，其实将面临更多的风险，对手盘无外乎两种：一种是掌控大资金的机构资金；一种是手握小资金的散户资金，突破后虽然市场情绪异常亢奋，不少追涨杀跌的资金疯狂涌入，但这类资金是有限的。此时市场主力如果采取继续做多的策略，谁也不知道还能走多远，随时有可能弹尽粮绝，走上不归之路，同时，市场主力面对的还有无数套现欲望强烈的对手盘，在此种情况下继续做多，无疑会举步维艰；相反，在市场情绪相对亢奋的情况下，即做多对手盘充足的情况下，如果主力资金采取反手做空的策略，首先很容易就能实现高位筹码的派发，其次还能为下一波上涨腾出空间，自然更能实现利润的最大化。所以，面对此起彼伏、时刻充满诱惑的市场，我们更需多一份冷静，从资金博弈的角度和利益最大化的角度研判当下市场所处的状态，最终获取盈利的概率自然也能提高。

如图 1-59 至图 1-60 所示，同样是规范的筑底引导形态，水晶光电在 2015 年 11 月 23 日到 12 月 29 日所构筑的三重底形态、天瑞仪器在 2016 年 6 月到 2017 年 4 月所构筑的三重底形态，伴随突破之后不但没有预料中的疯狂拉升，反而连续暴跌。

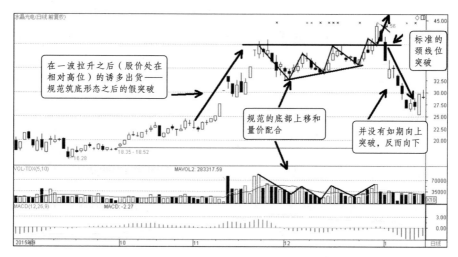

图 1-59　水晶光电 2015 年 8 月 26 日到 2016 年 1 月 15 日日线图

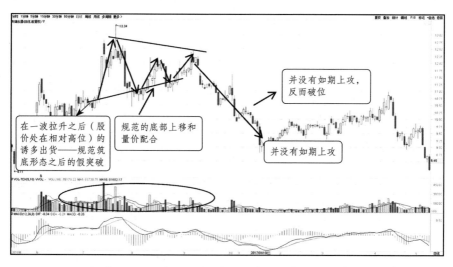

图 1-60　天瑞仪器 2016 年 6 月到 2017 年 4 月日线图

【学习小总结】

伴随着成交量，板块效应构筑了规范的底部，给投资者造成了即将突破的假象。在面对筑底的形态时，应该具体问题具体分析，结合个股以往的成交量、拉升手法、主力风格，抓准个股的节奏，而不是教条地买卖。

如何尽量避免这种假突破？前文说了，要看形态形成的位置。水晶光电的三重底形态在股价经历了一波拉升之后处于相对高位，这就很可能被主力视为出货的节点。当然对这一经验，同样要辩证地看。如果向上突破的时候大盘正处于大牛市行情，那么凭借热钱的追涨，再来一波拉升，创一个历史新高也是有可能的，换言之，12月29日之后的大盘暴跌也是解读这种假突破不能忽略的因素。但无论如何，至少以后遇到股价高位做底部形态，都应该慎之又慎，切勿盲目追涨。

上文我们重点分析了形态在市场中的重要作用，其既可以成为主力建设高楼大厦的基石，也可以成为主力全身而退的工具，所以面对市场发出的形形色色的信号，我们要懂得辨别其中的真假，想清楚我们搭乘的这艘船是挪亚方舟还是泰坦尼克号，须三思而后行。当然，我们也不能总是忧心忡忡，裹足不前，该出手时勇于出手，不妨等市场揭晓答案。有时候交点学费也并非坏事，吃一堑长一智，经历得多了，很多道理自然也就明了了。

【课后思考】

（1）分别找出两个假突破与真突破的案例，并说明理由。

（2）面对周期短的头肩底形态，我们应该采取怎样的态度和策略？

（3）成交量在头肩底形态中起了什么作用？

操
盘
手
记

在暴涨或暴跌中看"轮回"

你有没有思考过，当投资者碰到暴涨或暴跌的时候会怎么样呢？

投资者面对暴涨时，分两种情况：

一是空仓。此时，空仓者难免会失落、后悔，心情是复杂的。接下来要不跟进，要不继续踏空。有人可能选择继续空仓，理由很简单，宁愿错失行情，也不愿意冒风险；有人则可能选择跟进，理由也很充分，及时认错总比一直踏空错下去要好。你会选择怎么做呢？

二是"在其中"。此时，作为"在其中"者，无疑是开心的，上涨带来的快感一旦到达高潮，几乎可以主让人忘却世间所有的烦恼。接下来的具体策略要不就是选择时机套现出局，要不就是任由其疯狂涨下去。

选择时机套现出局者，理由很简单，不贪心，见好就收，疯狂就是出局的好机会；选择任由其疯狂涨下去者，理由也很充分，趋势形成，一切皆有可能，要吃就吃个彻底，做个大赢家。你会选择怎么做呢？

　　不管选择怎么做，如果"在其中"者选择了趁机套现出局后，市场继续疯狂暴涨，那么，这部分投资者就会变成踏空者，进入第一种情况之中。你发现了吗？"轮回"就在其中。

　　投资者面对暴跌时，也有两种情况：

　　一是空仓。此时，空仓者难免有点幸灾乐祸，会很开心，希望再跌多点，以便在适当的时候漂亮地抄个底。接下来，要不在继续下跌过程中趁机抄底，要不就继续耐心等待市场明朗再进入。选择趁机抄底者，理由很简单，人弃我取，机会就在疯狂暴跌后；选择继续耐心等待市场明朗再进入者，理由也很充分，不做无谓的冒险，宁愿失去点机会，也要交易更稳妥。你会选择怎么做呢？

　　二是"在其中"。此时，作为"在其中"者，无疑是有点担心和恐惧的，那种疯狂下跌带来的恐慌一旦达到高潮，几乎会让人彻底崩溃。接下来要不就壮士断腕，坚决出局，要不就任由其疯狂跌下去。

　　选择壮士断腕、坚决出局者，理由很简单，不侥幸，形势不对时坚决逃跑，此时认错总比一直错下去好；选择任由其疯狂跌下去者，理由也很充分，没有只跌不涨的市场，暴跌过后往往暴涨，坚决不死在黎明前最后的黑暗时。你会选择怎么做呢？

　　总之，不管选择怎么做，如果"在其中"者选择了壮士断腕、坚决出局后，市场继续疯狂下跌，那么，这部分投资者就会变成踏空者，回到第一种情况之中。你发现了吗？"轮回"就在其中。

　　不论是面对暴涨或者暴跌，都有两种情况：空仓或"在其中"；而每一种情况都有两种不同的策略："继续或变成空仓"，或"有所动作"；根据策略的不同又会产生不一样的局面，而一旦采取"有所动作"，就会进入一个"轮回"之中。所谓"轮回"就是"空仓—在其中—空仓"，如此不断反复，只不过在暴涨或暴跌的不同环境中有不一样的意义而已。

所以最终不论选择怎么做，其实我们都是在一个"轮回"的过程之中，这个"轮回"就市场而言，可能仅仅是一个小"轮回"，却必不可少。人生不也是如此吗？人生就是在不断"轮回"之中度过的，只不过是由很多小"轮回"组成而已，到了生命的终点就是一个大"轮回"的结束，同时也是一个大"轮回"的开始。

通过暴涨或暴跌的选择策略，以及"轮回"的启迪，你是否有一些感悟与收获呢？如果有，那就是这篇文章的意义所在。

所谓知音

甲：知音是什么？

乙：就是知道你想什么的人吗？

甲：简单来说，可以这样认为。但事实上，除了知道你想什么，更重要的是还要理解你想的事情。

乙：知道并加上理解吗？

甲：没错，仅仅是知道却不能很好地理解，其实对双方来说都是痛苦的，尤其是在准备实施重大事情的时候。

乙：想想也是，一个人说那样做，另一个人只是知道却无法理解，最终分歧产生，或者是无法达成共鸣，那真是一件痛苦的事情。

甲：你体会过吗？

乙：不常有，因为一般意义上的知音都少，哈哈。

甲：呵呵，我也不常有，不过，一旦有就意义非凡了。

建仓前的"庙算"

对于主力资金而言，选择了一个良好的投资标的，犹如为一场战役选择了适宜自身克敌制胜的战地，此为"地利"。接下来，建仓前的重要工作就是谋划"天时"及"人和"。《孙子兵法》里对此有着深刻的阐述："夫未战而庙算胜者，得算多也；未战而庙算不胜者，得算少也。多算胜，少算不胜，而况于无算乎？"这里的"庙算"即指战役开始之前的战略谋划。主力机构的实力不仅仅体现在其对投资标的的深度挖掘上——借其所拥有的信息优势和庞大的资金支持，更体现在其对市场趋势方向的精准把握和对个股中参与各方交易心理的深刻理解上。

在建仓阶段，主力资金进行战略谋划的目标就是以尽可能少的资金拿到尽可能多的便宜筹码。当然，如果这个过程能够尽快完成就更好了。也就是说，主力资金要解决两个成本问题：筹码成本和时间成本。

打个比方，在大盘上涨或者相应板块强势拉升的时候，主力资金怎样才能买到相对便宜的筹码？当大盘暴跌的时候，如何在买到便宜筹码的同时又尽可能不被外界关注呢？这还算比较简单的问题，更复杂的是比如当自己积累一定的流通筹码时，如何通过影响个股短期的走势从而让场内场外的筹码和资金一而再再而三地扑空或套牢？主力资金思考的是如何做到高抛低吸，不过市场里的每一个交易者都是这样想的，谁都不愿意做高买低卖的傻瓜。因此，如何在多空博弈中占得主动权，并最终达到预期目标，成了主力资金特别重视的问题。

市场大格局

单一个股走势受到市场趋势的影响，主力资金建仓前首先要对市场未来的方向有准确的研判。要在某一投资标的上成功运作，"顺势而为"是基本原则，在特定阶段"逆势而行"则是一种战术，否则再强大的主力资金也会被市场吞没。在研判国内 A 股市场的走势时，我特别强调"由外及内，从大到小，循序渐进"的分析逻辑。具体说就是要分别对道琼斯指数、纳斯达克指数、美元指数和大宗商品期货市场进行研判，最后综合得出国内上证指数未来的走向。随着国内市场逐渐与国际市场接轨，这种大格局的思考方式在股指期货时代的多空博弈下显得尤为重要。

主力资金的作战目标决定了其对市场大格局研判的时间跨度。如果只是寻求在市场多空走势不甚明朗的真空阶段进行局部战役，进行题材概念的炒作，那么建仓期往往只在数日之内完成，整个运作周期不会超过一周，主力资金只要对未来数周的市场走势有个大致的把握即可；如果是处于一轮大行情酝酿的初期，那么建仓期短则数月到半年，长则一年以上，因主力自身资金的多寡、对投资标的内在价值的认可程度、个股的流通盘大小而异。简单地说，建仓时期越长，说明主力资金的介入程度越深，资本的逐利性决定了其对投资标的的"目标价位"也会越高。正因为要进行这样一种大规模、长周期、高目标的资本博弈，所以主力资金对进行市场大格局研判的准确程度和尺度把握的要求很高。我们发现每当一轮大行情的来临，虽然总有"先知先觉"的资金，但只有少数赢家能笑到最后，说明即便主力资金手段再高明，如果缺乏对市场大格局的准确判断和对投资标的内在价值的深度挖掘，也无法成为最终的胜利者。

市场运行的节奏制约着主力资金操作的战术性安排。市场大方向把握对了，时间周期也拿捏得不错，但是对更为细致的市场波动节奏频繁出现误判，恐怕主力资金也只能事倍功半。怎么办？其实道理很简单，市场是大周期的运行趋势，市场波动则是小周期的运行节奏，两者本质上都是对市场趋势的回应，只是前者时间跨度大而后者时间跨度小罢了。这也进一步说明了大格局研判"由外及内，从大到小，循序渐进"的重要性和必要性。

市场运行脉络

对市场整体的趋势有了把握以后，主力资金接下来还要琢磨市场的内在运行脉络。为什么？因为单个投资标的除了受大盘的波动影响之外，还更为直接地受其所属板块的影响。对市场运行脉络的研判就是分析市场当前的热点、热点产生的背景，以及结合这些背景带来的实质性策略等。这一切都关系到主力资金的操作计划。

借用板块能量进行建仓，能使主力操盘事半功倍。在市场运行的不同阶段，都会有不同板块进行轮动，就算在同一板块里面，也会分成不同层次和梯队进行。当板块相对强势时，场外资金积极抢筹，但主力资金若还在建仓阶段，它会考虑是选择顺势往上做高股价，还是抛出已有筹码打压股价。这不仅是方向的选择，也是"度"的选择，"度"拿捏不准，搞不好就成了搬起石头砸自己的脚。或当板块相对弱势时，场内筹码悲观抛售，这时处于建仓阶段的主力资金会思考究竟是顺势抛售筹码制造更大的恐慌，还是逆势而上获得更多的筹码。这些问题不仅涉及对大盘和板块未来方向的研判，更涉及与具体投资标的的筹码拥有者和资金关注者的心理博弈。主力资金运作的困难性和艺术性也在于此。资本市场也正是因为有了如此丰富的多方演绎，才具有让人迷恋的魅力。

个股的历史品性

一个人的内在和外在往往并不一致，一个企业的内在价值和它被大众认知的价值往往也会出现长时间的背离。这就是市场并不完全有效的道理。具体到个股的走势波动，就是价格围绕价值上下波动并最终趋向一致的过程。不同的企业有不同的基本面，给投资者的印象也各不相同，其股价波动的历史走势也就形成了一种大众记忆，这种记忆有被逐渐强化的趋势。当然，如果公司基本面发生了变化并且为市场所知，那么它的这种历史品性也会随之改变。我在"吴国平操盘论道五部曲"系列丛书里曾经提到过疯狂的"历史因子"，这就是个股的一种品性类型。

在众多股票当中，不同股票的持有者会有不同的品性。所谓物以类聚，人以群分，愿意持有或关注同一股票的一群人有很多的相似性，这是因为股票在基本面或者技术面上有着吸引同一类人的特点。但是，即使拥有同一股票，由于认知能力不同，不同的投资者对该标的也会存在程度深浅不同的认知。简单地说，就是不同人对同一股票到底能值多少钱心里都有着不同的一杆秤。主力资金要想在建仓过程中顺利做到高抛低吸以降低仓位成本，就必然希望能通过自身量能的干预改变场内筹码和场外资金的态度和认知，最后促使他们的行为按照符合自身利益最大化的方向发展。

我们知道，能够影响投资者对个股认知的两大因素：一是基本面；二是技术面。在基本面上，除了能够直接影响企业运作的产业资本，大多数的主力资金一般都难以介入个股的基本面，当然不少机构也会利用信息和渠道优势干扰和引导市场认知，但这毕竟只是一部分的策略。真正能大做文章的是在技术面，大众的盲目性就在于他们更愿意盯着价格波动而不是关注公司真实的内在价值，主力资金就是瞄准了这一弱点进行各种运作。尽管国内不少投资者对各种技术分析方法和指标都颇为熟悉，但问题是股票价格并不完全按照教科书上的标准模式来运行。因为参与市场各方的力量大小各异，总会存在对技术形态有着更大影响的一方，使得价格阶段性地"脱离"标准走势。假如投资者一厢情愿地按照书本上的理论进行操作，必定会经历被市场反复扇耳光的尴尬。技术分析没有被灵活运用就是研判系统中糟糕的一环，而缺少对基本面的深度挖掘的技术分析，也只能是没有根基的花拳绣腿。

剖析对手盘

每一笔交易都伴随着买卖双方的同时诞生，也意味着卖方认为价格将继续下跌，而买方认为价格将继续上涨。换句话说，在一笔交易结束后，价格无论下跌还是上升，成交的双方都会有一方判断错误。从这个层面来说，多空博弈就是一个零和游戏。主力资金在建仓阶段的主要目标就是用较少的资金去买入大量的便宜筹码。也就是说，作为主力资金的对手盘会认为投资标的的价格会下跌，只有这样他们才愿意把大量的股票低价甩出去。对手盘有哪些类型？他们有什么交易特点？什么样的情况下对手盘才会低价卖出筹码呢？这是主力资金每次实施交易操作计划前都会绞尽脑汁思考的重要问题。

价格和时间成本是投资者考虑的两大重要因素。因此，一是可以从资金获利和亏损的角度把原有的股票持有者分为两大类：套牢盘和获利盘。二是可以从持有时间的长短把原有的股票持有者分为三大类：短线、中线和长线投资者。这样从资金和时间两个变量进行两两组合，就能把投资者分为六种类型。本书涉及的是主力操盘的建仓阶段，因此只讨论场内筹码的情况，至于对场外资金的讨论则留到其他分册再做详细介绍。接下来我们逐一对场内筹码持有者的交易特点进行分析。

短线套牢盘

这类股票持有者一般在数日或数周内承受着亏损，他们更倾向于风险厌恶，对于短暂的价格波动非常敏感。只要亏损幅度不大（比如3%—10%），他们都愿意继续持有股票，采取盯紧价格的观望态度。什么样的情况下，短线套牢盘更愿意"低价"甩卖？我们可以从大盘和个股的波动状况进行思考。当大盘大跌而个股不跌甚至逆势上涨的时候，即使仍然亏损，果断的短线套牢盘出于对未来个股补跌情况发生概率的担忧，更倾向于卖出筹码；当大盘大涨而个股不涨甚至下跌的时候，一般来说，由于转换标的成本不算太高，短线套牢盘会倾向卖出股票，改为选择较为强势的热门股。至于在大盘和个股都不温不火的情况下，唯一能促使短线套牢盘产生卖出冲动的，恐怕就是他们为数不多的耐心。这类筹码卖出时所形成的压力一般都是较轻的，卖出的数量也不会太多。

中线套牢盘

这类股票持有者一般在数月内承受着亏损，他们更倾向于保守型。别忘了，他们也是从短线套牢盘演变过来的。是什么让他们"升级"成中线套牢盘呢？一般无外乎没能及时止损，或者是价格早已跌破他们的心理防线（比如亏损10%—20%，更甚者在20%以上）。"要是再给我一次机会，不赚钱我也一定卖出"或者"只要能回本或者亏一点点，我就卖了认倒霉算了"是他们典型的心理。通常，单日大盘和个股的价格波动状况已经不再成为他们的关注点，他们唯一重视的就是筹码的成本价。也正是因为这种趋于麻木的心态，让他们逐渐步入长线深套的不归路。

因此，让他们更容易"低价"抛售筹码的情况是这样的：一波强劲的上升行情一度逼近其成本价，让中线套牢盘心里燃起保本走人的希望，但是股价就偏偏在成本价面前"戛然而止"，无论怎样"上下徘徊"，还是"反复震荡"，甚至还有"掉头向下"的兆头，就硬是不给他们全身而退的机会。在这种时候，他们会明显地比之前更缺乏耐心，而且更为浮躁，"算啦，老子玩不起还躲不起吗？认赔走人！"这会成为他们离场的理由。要注意的是，由于中线套牢盘往往处于成交密集区，因此这类型的筹码数量较大，一旦蜂拥而出，其卖压在短时间内可能是十分强大的。

长线套牢盘

这类股票持有者一般承受着一年甚至数年以上的亏损，麻木是他们最普遍的心态。经历过短线套牢和中线套牢，这类投资者在此期间应该还会抱有希望地加仓试图摊低成本，结果瘫在半山腰上，他们就是在不断地折腾中一而再再而三受伤的悲情角色。一般来说，长线套牢盘的亏损幅度巨大，一般都超过50%。通常情况下，长线套牢盘是由于盲目追高而从牛市末期一直摔到漫漫熊市中去的，他们已经不忍心关注股市，更不愿和别人谈论这种伤心事。"下辈子再也不炒股了"是这些长线套牢盘持有者内心的真实写照。什么样的情况下他们会甩卖这种"血汗"筹码？据我了解，大致有两种：一是在熊市末尾的高潮中，因为极度恐慌而崩溃；二是在新牛市初期的财富效应带动下重新有了关注股市的冲动，这时"旧伤虽仍在，心痛却不再"，在看到其他个股纷纷爆发起飞的同时回望自己仍趴在地下的"烂股票"，他们的心里会产生一种"壮士断臂"的强烈欲望，而对其他热门的股票重新下注。

要使长线套牢盘以几乎"跳楼价"的股价抛售出筹码，方法大致有两种：一是在熊市尾声阶段达到最高潮时，用更加凶狠恐怖的向下跳空大阴线，甚至跌停的方式让悲观绝望的套牢盘交出剩下的股票；二是在新牛市初期以财富效应重新吸引其注意力后，通过用"时间换空间"的方式反复震荡，逐渐消磨其耐心，使其割肉并转向其他相对热门的个股。

短线获利盘

这类股票持有者一般享受着数日或数周内的盈利，一般而言他们是在短线追涨或是相对低位进行抄底的。短线获利盘的心理状态是较为亢奋的，因为在较短时间内就能看到账面上有5%—10%的利润，其志得意满的心情是可想而知的，甚至有的还会沾沾自喜。当然了，在这种情况下如果看到手中的个股继续上涨，贪婪心理很容易让他们产生加重仓的冲动。什么样的情况下他们更愿意抛售筹码呢？由于他们在短期内一直享受着浮盈，因此会显得比较有"耐心"。股价波动更容易牵动着他们进行买卖的神经。而股价"快速回落"到接近短线获利盘的成本区域时，无疑最能让其产生卖出冲动。毕竟这时"如果再不平仓可能就连一个子都得不到"的心理会占据他们的心智，尤其是当短线获利盘在迅速上冲时加重仓后出现快速回落的话，"偷鸡不成蚀把米"的懊悔心情会让这类筹码仓促出逃。对于主力资金而言，暴涨暴跌的折腾行情是激发短线获利盘抛售的一种重要操盘手法。

中线获利盘

这类股票持有者一般享受着数月以内的利润，一般而言他们是善于提前潜伏并有敢于吃大波段的耐心和坚定信念的，这样心智成熟的投资者在国内市场里面只有少数。但他们至少掌握着 30% 以上的账面利润。这种情况的出现通常是在牛市初期大盘逐渐走出低谷，个股已经展开了一波上升行情时，主力资金若计划在此时进驻投资标的，那就是在相对高位建仓。对付这类手里拿着获利筹码已经较长时间的投资者，横盘震荡也许已经考验不了他们的耐心。相反，这类筹码的持有者往往心里会有个大概的止盈点，如果股价再次出现一波上涨，"高处不胜寒"的心理也许会成为他们动摇的主要因素。主力资金可能会采取拉高吸筹的手法让这一小部分胜利者满意退场，若效果仍不甚理想，还有可能刻意制造成交量急剧放大的"头部"假象，在"天价天量"这种说法的影响下，让不少中线获利盘心甘情愿地退出。当然，假如主力资金在拉高吸筹后再来一段波动剧烈的震荡行情，构筑起一个疑似"头肩顶"的头部形态，尤其是在重要支撑位置上出现破位迹象的话，对于稍微熟悉技术形态的中线获利盘将是极大的刺激，"落袋为安"将是他们认可的"明智之举"。

长线获利盘

这类股票持有者一般享受着长达一年甚至数年以上的利润，这批极具前瞻性投资眼光和具有惊人耐心的投资者可以算是资本市场的大赢家，属于凤毛麟角。这种类型的投资者绝对不是一般的散户。他们能够拥有少则翻倍多则数倍的利润，是因为其能在市场极度恐慌和人气低迷的熊市末期特立独行地进驻极具投资价值的个股，并且在长达一年甚至数年的时间内坚守，这种眼光和毅力绝对可以比肩世界上任何一位顶尖的投资大师。市场的波动丝毫不会动摇他们的信心。他们卖出股票的原因或许只有两个：一是投资标的的基本面发生了真实的不可逆转的质的恶化，该股的价格已经不能再体现其内在价值；二是市场气氛已经极其疯狂，投资标的的价格早已远远高出其内在价值。说白了，长线获利盘正是"在别人恐惧时贪婪，在别人贪婪时恐惧"的最后赢家。面对这样一类杰出的投资者，主力资金若想进行建仓活动，首先想到的不是如何从他们手中抢过筹码，而是努力寻找自己相中的投资标的是否也拥有这样一批"独具慧眼"的高手，因为他们的存在意味着在投资该股时他们可是"志存高远"的，学会与他们并肩作战共同进退，共同享受优质投资标的带来的巨大收益，才是明智之举，何乐而不为！

建仓的策略选择

经过了对市场大格局运行和具体脉络的研判，以及对目标个股的历史个性和潜在对手盘的深入分析，主力资金就会做出方向性较为明确的战略和战术部署计划。什么是主力资金建仓的战略计划？也就是如何合理分配资金和时间，打造什么样的底部形态。什么是战术部署？这也不复杂，就是阶段性选择什么样的操盘方式以达到"预期"的底部形态的计划。当然，这种计划并不是制订后就不可更改的，而是会顺应市场的具体变化适当做出调整。我们只要理解，当主力资金对未来市场有了较为准确地把握后，会制订出一个方向清晰的战略计划和一套适合个股情况的战术安排就可以了。

主力资金建仓的战略计划思路并不复杂，从筹码收集的角度说就是"低买高卖"，从价值投资的角度说就是"提前潜伏"，从技术形态的角度来说就是"构筑底部"。至于战术安排，所谓"条条大路通罗马"，不同的市场环境，不同的个股情况，不同的资金规模，甚至操盘手自身的性格特点等，都会影响主力资金的操作手段。因此，具体到建仓时期各个阶段的战术安排，主力会因时制宜，制订最适宜自身利益的计划。当然，这也不是说主力资金的每一个计划都能够顺利实施，记住，在这个市场上谁也不是神仙，无论实力多么雄厚，主力资金都有可能"阴沟里翻船"。能够笑到最后的赢家只不过是在做概率比较大的事情而已。

话说回来，主力资金建仓的战术手法无论有多复杂，也不外乎这四种：拉高、横盘、打压和休息。相信大家对前面三种比较容易理解，对于第四种"休息"就有点疑惑了。什么都不干也算是一种手法？对。正所谓"无招胜有招"，主力资金并不是每天更不是每时每刻都在交易的，如果其想观察投资标的自然的"人气"状况，他们会选择静观其变。这就像做实验一样，为了观察一种事物的变化是否是由另一种事物引起的，实验者会尽量控制其他潜在的影响因素。至于主力资金如何顺应时势将拉高、横盘、打压这三种基本手法搭配起来使用，就是对其研判市场和个股的水平高低的重大考验了。

操
盘
手
记

师父与徒弟

甲：我有真正意义上的徒弟了。

乙：恭喜你，年纪轻轻就开始带徒弟了。

甲：你觉得我太年轻，这么早带徒弟不太好吗？

乙：不，先到为师，三人行，必有我师。你是否年轻并不重要，重要的是，你具有传授他人东西的能力就足矣。

甲：嗯，我也是这样想的，带徒弟并非单纯地传授知识那么简单，我也有自己的私心，那就是为了更好地支撑我那金融文化的世界。

乙：金融文化现在是你的，并不代表未来是你的，我倒不觉得你在为私呢，能把自己所学毫不保留地传授他人，本身就是一种有气魄的表现，这点，我很欣赏。

甲：没有啦，师父，你过奖啦！

乙：很高兴你认为我是你师父，我为你自豪。其实，这点倒并非从你开始收徒表现出来，而是从你用心奉献出第一套作品时就已经有所感受，那是你没有保留的用心之作，无私之作，这点很不容易。当然，也正是因为如此，你的世界会变得更大。我非常欣赏你的大格局，有点隐居世外的意味。你那种敢于展示自我、希望更好地推动一些事情发展的理想，有时候，我想想，是有点让我惭愧的。不过，这正是每个人的不同之处，性格决定一切。

甲：师父，你也可以的，我知道我很幸运，能认识你，接近你，学习你，这是我得以不断进步成长的关键，没有你，就没有我的今天……

乙：这是一种因缘，很多事情，我们也无法用具体理由来解释。对你来说，我或许是一种关键，但对我来说，你又何尝不是呢？

甲：哈哈，我们是相互的关键……

乙：切记，成长是需要时间的，对徒弟的未来别拔苗助长，让其顺其自然地成长，明白吗？另外，还有一点是我比较担心的，那就是你一定要真正懂得看人，千万要找真正人品好的人传授心得，否则，你看走眼了，带出来的徒弟可能会给你甚至给资本市场带来不可估量的损害……人品为先，当你看不明白的时候，不妨让我帮你参谋一下。

甲：哈哈，求之不得。放心，师父，等适当的时候，每个徒弟我都会带过来跟你交流一番的，那样，对他们的成长也是好事。

乙：期待，期待你的徒弟，更期待你最后为金融文化所贡献的能量。

甲：一定全力以赴！

乙：哈哈，喝茶，吃包子，我们继续聊天……

先到为师，当你认为自己具有一定的能量的时候，不妨勇于去展示自己，如果有人愿意拜你为师，那是一件值得骄傲的事情。人，其实关键是人品，能力反倒是其次，能力再好，人品不过关，最终给社会带来的不会是好事。

认人，识人，是不简单的，很多人往往就在这里栽跟头。

当看不清楚一个人的时候，不妨找一位比你更懂得看人的师父，让他帮你做参谋，那么，一切很可能因此改变。

金融文化的世界很大很大，需要非常多的人才参与进来，这样才能真正将之发扬光大，你准备好了吗？

玩网游与玩股票

每个人都有阶段性疯狂的时候，人有时候就是如此奇怪，会做出一些不可思议的事情。就如我自己，QQ上的游戏我向来有点不屑，一是觉得浪费时间，二是觉得没啥意思，但在特定环境下，我的看法却发生了惊人的改变。

这特定环境就是自己百无聊赖、无所事事的时候。我在无意中打开了QQ游戏这一"魔盒"，才发现，那真是个大千世界，棋类、牌类等游戏应有尽有。经过一番折腾，我发现这里的游戏可真够厉害，不少游戏如果要玩下去，是需要游戏币的，而这些游戏却需要你用真金白银去购买，而且如果你玩游戏需要什么特权的话，还可以用钱去申请会员，如果你觉得自己的卡通形象不够好，也可以去购买一些背景、衣服等，反正里面让你掏钱的名目非常多，只要你玩了，你最终不掏钱的可能性会很小，除非你铁了心就是不掏钱。

为了保持其旺盛的人气，腾讯公司也设立了不少不需要钱币就可以玩的游戏，同时对于一些忠实的QQ用户，也会采取每天免费赠送一定额度币种的策略，目的就是让你去玩，从而陷进去，最终掏钱玩得更爽更高级。

想想，这游戏策略真的是利用了太多人性的弱点，先给你免费尝试，之后让你在输光后的那种不服输心理的刺激下掏钱来玩。人都是有好奇心的，名目繁多的收费项目，每个项目好像都挺有意思，于是难免就动心了。人都是有爱占便宜的心理的，办卡、充会员就打折还送东西，等等，在那么多好像很优惠的信息的刺激下，你想不心动都很难。

最关键的是，一般情况下，一个人掏钱玩游戏，每次数额都不会很大，往往不会超过10元，甚至1—2元就可以，算上折扣等就更优惠，这点钱对大部分人来说，都不是大问题。

一个人为QQ游戏贡献的资金虽然少，但人数庞大，汇集起来就绝对不是一个小数目了，而且不断地玩，就意味着不断地奉献金钱。在这种游戏体系下，作为游戏项目的拥有者，只要保证游戏的正常运营与服务，就等于拥有了一台"印钞机"，钱真的会源源不断地汇集过来。

为何网络游戏能够创造那么大的财富，本质不就在于此吗？没玩也知道，一玩更知道！

偶尔玩玩游戏未尝不可，但长期沉迷于此，那可能就是玩物丧志了。我还算是懂得分析、懂得刹车的人，在沉迷一段时间后，我决定跳出来，体验已经够了，要宣告结束了，我并不是属于那个世界的，我需要花更多精力来经营和思考资本市场，让自己的价值得以实现。

面对资本市场，我总是想到这背后的一大群人，只不过他们可能会比游戏市场背后的人群显得更复杂。看透这些虽非易事，但极具挑战性，最重要的是，这是一件非常有意义的事情！

股东透视

主力机构作为资金规模巨大的一方，在对投资标的进行建仓时，往往也会对其现有的股东进行详细分析。这样做的目的有多个：一是判断是否已存在控盘度高的其他主力资金；二是确定是否存在其他主力资金潜入的迹象；三是分析其他主力机构的资金性质和实力；四是判断自身在各方力量对比中的位置。主力建仓阶段是一个承前启后的过程，它既承接着上一轮周期的尾声，也酝酿着下一轮周期的诞生，因此这种底部的形成相当复杂。尤其是在一波大行情即将来临之前，这个过程的折腾往往超乎常人想象，许多人就是因为不堪承受折磨，倒在黑暗即将散去的黎明时刻。

股东研究

一般来说，我们通过 F10 分析投资标的的股东构成，只能查询前十大股东和前十大流通股东。虽然这与主力机构拥有的信息优势相比稍显不足，但对于普通投资者来说，只要把握好某个个股的真实流通规模，大致了解作为主力资金达到高度控盘所需要的筹码数量和集中度，就已经足够了。当然，分析一家上市公司的潜在主力构成是否合理，对于操盘手而言也是非常重要的。

要把握个股里真实的流通股规模，要注意以下几点：一是要减去上市公司本身持有的流通股的占比；二是关注上市公司高管所持有的流通股（一般而言，他们倾向于在熊市中增持以增加投资者的信心，即使减持，数量不会太多）；三是要留意有无关联公司和自然人长期持有相当大量股票的记录。一家上市公司真正流通"在外"的股份通常都要剔除上述三类股票持有人所占的流通股。

主力追踪

对股东构成进行深入分析的另外一个工具就是主力追踪。如何从主力追踪栏目里面"股东户数"和"户均持股"的数量变化判断筹码的集中程度？这个问题已经在《操盘论道入门曲：看透 F10》一书中作了详细的阐述。这里我要特别提醒的是，切莫以此为唯一的判断标准。一看到股东户数变少了，户均持股变多了，就认为主力即将启动，反之认为这只股票没戏，久而久之就会形成一种机械的条件反射，这是错误的认知。我一直强调盈利模式要成熟，必须通过系统的综合研判。有时候连公司的股本通过增发、送股配股或者有限售条件的流通股解禁等都已经发生了翻天覆地的变化，投资者还是一味盯着股东户数和户均持股而不加以具体分析，那就未免太过片面和轻率了。

　　另外，需要再次提醒的是，主力追踪栏目的应用还必须结合历史数据的纵向比较和技术形态进行具体分析，当然还需要把握好"物极必反"的规律。只有这样的综合研判才会具有实战的意义，不然踏空了牛股或者一不小心被套，可别怪主力追踪不灵了。

操
盘
手
记

从南宁想到的

　　南宁，广西的首府，如果你仅仅看到周围的山山水水，很难想象此地的核心地带竟然如此气势逼人、繁华热闹，宛如一座超级富裕的现代化城市，尤其是当你看着民族大道两旁不比深圳逊色的现代楼盘，站在气势恢宏的中国－东盟博览会会场所在地，你会很自然地感叹：中国真牛！

　　一个并不算太知名的首府，竟然展现得如此令人惊叹，让人一方面惊叹中国确实实力深厚外，更感叹中国人在塑造形象方面的能力。如果说奥运会让世界认识了崭新的中国，那么，如果你深入中国各个大小城市，看着那夜晚下依旧灯火通明的灿烂城市，你就不得不承认，中国的崭新面貌已经覆盖了全中国。

　　祖国的强大，窥一斑而知全貌。确实，很多人都质疑这背后的现实，但如果你走进大大小小的餐馆，就会发现，现实依然繁荣，我们感觉得到，那些吃饭的老百姓幸福指数真的不低。

　　看上去好像与实际不符合，但实际却又充分反映着活力与生机，这矛盾但又统一的状况，或许在中国表现得最为突出。

不管如何，有一点是肯定的，那就是中国改革开放以来，城市的形象改变让世人震惊，很多城市的外貌不逊于发达国家，那种气势，那种现代化，那种活力，令人不得不敬佩。另外，还有一点也是必须肯定的，那就是中国改革开放以来，老百姓中的富裕群体急剧壮大，中国富豪的购买力在全球的影响举足轻重就是最好的证明。

祖国前所未有的强大与繁荣是事实，只是背后的隐患也不能忽视，持续下去，把好的东西一直展现下去，在矛盾中统一，在平衡中继续，在和谐中发展，我们的未来才更加美好。为了祖国，我愿意用自己的一生奉献一点绵薄之力，当然，我的领域是金融这一块，在中国才刚刚开始，未来空间异常巨大。我希望能够用自己平生所学、平生能量，为祖国在世界金融领域大放光芒贡献自己的一份力量，为祖国在世界金融领域争光，这是我的梦想。为此，我将不断奋斗下去。

路程虽短，意义非凡

父母住的楼盘虽然离我住的楼盘才5分钟的距离，我却不常主动跑到父母家里去，1个月也就去一两次，倒是父母会隔三岔五地在散步过程中过来看看我。不过，现在他们看我的频率提高了，大概间隔一到两天吧，主要原因是我儿子越来越可爱了。

有了孩子之后，家庭的乐趣会增加很多，随着孩子不断长大，那种感觉也与日俱增，父母更是乐不可支，仿佛年轻了十几岁。尤其是当他们逗孩子玩的时候，那感觉真的是非常明显。看着孩子开心，看着父母跟孩子一起玩得那么开心，我就更开心了。

每次去父母家，我都会提前给他们打电话，他们也都会特意做好吃的给我，不过仅是吃饭就让他们折腾好一阵的。父母就是这样，孩子回来了，再忙也开心。

现在我回到父母家，发现多了好多儿子的相片，厅里有，房间里也有，有小的，有放大的，按照他们的话说，这样就可以时刻看到孙子了，看着孙子的笑脸和可爱的样子，父母心里就别提多开心了。这就是我可爱的父母呀！

很多时候，我都提醒他们，我忙的时候，不能陪他们一起出去玩的时候，就自己好好出去玩一玩，乐一乐，领略一下祖国的大好河山及异国风情，可一旦我没参与选择旅游目的地，他们就只会选择省内游了。哎，老人家节省的毛病就是改不了。老一辈的父母很多都是这样的性格，不是没钱去玩更好的，而是太节省所致。有时候，我会硬性给他们安排一些我认为好的地方。小时候，他们硬性给我做过安排，这也算是一种"报复"吧。

每次回到父母家，我的思绪总会回到过去，回到跟父母在一起的日子，感叹父母真的不容易，看着父母那日益增多的白发，总是有点伤感。不过，还好，父母开心，我就开心了。问题是，在他们看来，只要我开心，他们就开心了。哎，父母呀，你们能不能多考虑下自己呀？

现在的年轻人，估计很难理解父母的心态，以后也很难成为父母那样的人。新的时代让社会发展的同时，也让人发生着剧烈变化，只是，这变化，未必全都是积极的。至少，在我看来，有些年轻人那种一点儿也不理解父母、一点儿也不懂得为父母着想的行为，真是让人寒心。

我知道，自己有些性格是从父母那儿遗传过来的，但有些性格则是后天形成的，在对待消费的态度上，我是比较大手大脚的，他们则比较节省，这方面的差别还是比较明显的。环境不同了，性格必然也会有所改变。就像股市环境中细微的"风吹草动"，都会引起我们决策的变化。

去父母家的路程虽然只有5分钟，每次走在路上的时候，我都会想到很多东西，想到父母在这路上散步的身影，想到他们烦恼减少、开心增多的状况，有苦也有甜，有咸也有淡，有酸也有辣，总之，各种味道都有，感慨万千。

这路程虽短，却意义非凡。股票于我，亦如此。

盘面特征

分时图与成交量

分时图

这里的分时图主要是指个股的单日走势图（针对大盘波动分时图的研究在我之前出版的书中已有专门的介绍）。通过以上对对手盘的分析，相信大家已经能够明白主力资金在建仓阶段针对不同场内筹码所采取的不同手段，但是具体到每天的股价波动，我们是否能在其中验证这种分析思路呢？答案当然是肯定的。个股的分时图，尤其是叠加大盘指数后的分时图，可以让我们更加细致地感受到主力资金在建仓阶段的"暗流涌动"。

这里还要再简单剖析一般散户作为主力资金对手盘的重要交易心理：根据大盘波动而决定对个股的买卖操作，大盘指数持续上涨时，投资者更倾向于买进投资标的，大盘指数连续下跌时，投资者更倾向于抛售手中个股，这种追涨杀跌的从众心理给了主力资金利用的空间。通过观察个股叠加大盘指数后的分时图，我们可以捕捉到主力资金"积极活动"的蛛丝马迹。

分时图中个股走势与大盘波动的背离就是我们关注的重点，即大盘指数上涨，个股走势下跌，或是大盘指数下跌，个股走势上涨。在这里要提醒大家，我们强调的是在个股分时图里面的阶段性波动，并非指日 K 线图、周 K 线图甚至月 K 线图中的背离。道理很简单，主力资金在大方向要做的就是借势而行，只是在建仓的某个阶段需要逆势迷惑对手盘罢了。若是长时间与大势作对，主力资金即使实力再雄厚，收场恐怕也十分难堪。另外，捕捉个股与大盘波动的分时图背离只是验证主力资金可能处于建仓阶段的其中一个手段，并非一旦出现背离迹象就必然是主力资金在建仓。不能生搬硬套，更不能以偏概全，这也是我一直强调要综合研判的道理所在。

为什么说分时图中个股走势与大盘波动的阶段性背离有可能是主力建仓的痕迹呢？答案并不复杂。所谓主力，在我眼里它有一个明显的特点就是拥有能够影响市场波动的能量。按照常态而言，个股与大盘的走势应该是同步的，如果出现了背离现象，就意味着个股受到了"异常"能量的干扰。另外，"异常"能量能够左右个股波动，起码有两个原因：一是其场外资金实力强大，这是主力机构的优势之一；二是其场内筹码比较集中，流通在普通投资者手中的股票数量占少数。主力机构建仓的过程就是一个资金积极进驻并且筹码集中度越来越高的阶段，因此我们通过个股走势与大盘波动的阶段性背离来挖掘主力建仓真相是具有实战意义的。

成交量

个股在主力资金建仓阶段时的成交量走势也具有十分鲜明的特点，那就是两个字：折腾。如果还要用另外两个字来形容，那就是：纠结。这是什么意思呢？简单地说，就是指成交量在股价上涨时放大，下跌时缩小，在股价波动幅度不大的区间里有节奏地反复。有些读者不禁要问：股价上涨时放量，下跌时缩量，这不是很正常的现象吗？的确，如果仅仅如此，恐怕还不能判断主力资金处于建仓阶段，但请读者们注意后半句："在股价波动幅度不大的区间里有节奏地反复"。这就比较有意思了。前面讲建仓策略时提到四种手法：拉高、横盘、打压和休息。如果股价是在一个幅度不大的区间（比如10%—30%）持续波动的话，那么主力在期间活动的目的至少有两个：一是在高抛低吸当中降低建仓期间的成本；二是在反复震荡中吸纳更多的筹码。

成交量在股价波动不大的区间内呈现"上涨时放大，下跌时缩小"这种颇具节奏的运行规律就会让场内不坚定的筹码抛售，而场外资金却在每一次"假突破"时追涨杀跌。主力资金不断通过有节奏地拉高和打压来达到横盘震荡的操盘效果。如果在较小区间内的震荡效果越来越小，主力资金还会冷不防地把震荡区间放大，这就是折腾，就是让人纠结的过程。

成交量的这种变化实质上是一种典型的横盘震荡操盘手法，从对手盘的角度来思考，主要适用于短线套牢盘和获利盘。但是读者要明白，横盘过程并不简单地等同于建仓过程，真正的建仓是贯穿着"拉高、横盘、打压和休息"的操盘过程。若建仓前投资标的已经经历过一波大跌行情，场内筹码基本上是中长线套牢盘，成交活跃程度很低，在人气不旺的情况下，主力资金首先会采取拉高吸筹的手法激活人气，再进入一段区间震荡的过程。相反，若建仓前仍有不少中线获利盘，主力资金则会采取迅速砸盘打压的方式使场内筹码转向短线套牢盘和获利盘，再进行缓慢拉升及横盘震荡。那么主力什么时候会采取"休息"的旁观策略？一般而言，主力资金想"检验"一下场内剩余流通股份活跃程度的时候，就会暂时停止介入操作，观察投资标的是否进入一个近乎成交"停滞"状态。如果此时成交量已经极其萎缩，说明流通筹码确实已经集中在主力资金手里了。假如成交量在主力砸盘打压的时候仍显得有点大，那么主力会考虑继续"折腾"还在犹豫的松动筹码，直到最后不坚定者乖乖离开为止。而这当中的度就靠主力资金拿捏了。因此，在底部阶段跟主力资金进行博弈，最终靠的不是技术，而是对投资标的的内在价值的深度挖掘，只有这样，你才有敢于提前介入并且耐心潜伏的坚定信心。这就是"提前、深刻和坚持"在我投资理念中占据重要地位的原因。

换手率

换手率是指一定时间内市场中股票转手买卖的频率，是反映股票流通性强弱的指标之一。简单说来，换手率就是看股票交易活跃程度的。换手率的计算方法也很简单：

换手率 = 成交量 ÷ "流通"总股数 × 100%

或者，换手率＝成交金额 ÷ "流通"市值 × 100%

请注意，在上面列出的换手率计算公式中，"流通"两字是加双引号的，这里面的含义是什么？悟性高的读者应该能想到，这是因为此"流通"的含义不简单地等同于股票软件上所说的理论上的流通，而是指减去上市公司及其关联人所持有的流通股票后得出的"真实"流通规模。

那么什么样的换手率是区别活跃与否的标志呢？国际上成熟市场的平均年换手率为 100% 左右，中国股市从 1993 年至 2008 年的 16 年来，平均年换手率为 491%。作为新兴加转轨的中国股市，走向成熟是一个渐进且长期的历史过程。因此，从技术角度分析，来源于中国股市的经验数据或许更符合中国国情，更有参考价值。随着股市逐步走向全流通、走向成熟，换手率逐步下降是大方向；而换手率下降主要是通过增加流通盘和减少短线交易频率这两个方面来实现的。这从另外一个侧面揭示了换手率还能反映市场的成熟程度。当下国内 A 股市场的个股价格波动相较于国际成熟市场来说是相当剧烈的，说明了投机气氛浓厚，但也预示着相当广阔的投资空间，这是时代赐予我们的机遇和挑战，应该好好把握。

回到正题，既然国内 A 股市场的年平均换手率在 491%，那么平均每月的换手率约为 40%，平均每个交易日差不多是 2%。这就产生了一个可以作为参照的基准水平，即 2% 是国内股票市场成交活跃程度的正常水平分界线，低于 2% 说明成交不活跃，高于 2% 说明成交较活跃。从一波行情的价值"轮回"来看，换手率低预示着股价接近甚至低于价值，人气极其衰竭，而当换手率逐渐走高，说明人气得以恢复，股价也随之走高，最后换手率达到顶峰时说明市场已经陷入疯狂阶段，此时股价或许远远超过内在价值，潜藏有极大的风险。

主力资金建仓一般都选择大盘接近下跌周期的末尾或者上升周期的初期进行，此时属于极不活跃状态，即大盘和个股的换手率都较低（低于2%），但一旦有主力资金介入建仓，人气将得以恢复，股价也会适当地走高。尤其要注意的是，若个股股价处于一个幅度不大的震荡区间，并且伴随着较为活跃的换手率状态（高于2%），就说明在这个价格区域，主力资金正不断将对手盘的筹码收集到自己手中，累计的换手率越高，说明筹码的集中度越高，资金的介入程度就越深。简单说来，如果主力资金建仓的时间够长，效果够好，就说明其对投资标的的未来目标价高看一线，不然为什么花这么多时间和资金折腾来折腾去？不就是为了赚大钱吗？这些都是由资本的逐利性决定的。

换手率可以通过股票软件轻松计算，此软件能够选择任意区间进行数据统计，从这个优势看，换手率要比从F10中的主力追踪看筹码集中度更具有时效性，因此对实战的意义也更大。不过别忘了在使用软件的区间统计功能时要先得出我所说的"真实的流通股票数目或市值"，以免造成判断偏差。

当然，在运用换手率指标来判断主力资金的介入程度时，仅仅比较日均或者月均换手率与基准值是不够的，更重要的是判断其建仓的时间跨度，即还要结合累计换手率做出对主力控盘程度高低的研判。这是因为不少主力资金会用"时间换空间"的操盘手法进行长时间跨度的筹码收集，这种极具耐心的悄然介入，一旦爆发，能量绝对是相当惊人的，而且其意图也必定非常深远。

在这里我跟大家分享的关于总换手率与"底仓"控盘程度之间关系的经验，来自我多年操盘经验。需要事先说明的是，这里主要针对的是中小盘股，对于大盘股和高价绩优白马股来说，换手率就显得不那么高了，操盘手必须根据个股的流通盘大小及其市场形象对换手率的研判做出适当调整。

在常规状态下的主力资金建仓，如果股票的总换手率为100%左右，那么主力可以收集到的作为"底仓"的持仓量为20%左右；如果股票的总换手率为200%左右，那么主力可以收集到的"底仓"持仓量为30%左右；依此类推。如果股票的总换手率在建仓区域之内超过了1000%，几乎保持每一个月就换手100%的频率，那么主力可以收集到的"底仓"持仓量会达到惊人的80%甚至90%以上，并且日后的上升空间也会非常巨大，当然，到了建仓阶段的后期，成交的活跃性也会相应地大打折扣。

另外，一般而言，当股票的总换手率达到200%以上时，此时在相对低价的区间里愿意抛售的流通筹码已经基本没有了，进一步拉高建仓就成了必然的选择。而当股票的总换手率达到了300%甚至400%时，主力资金选择快速拉升脱离成本区间的概率就更大了。

总换手率影响着主力"底仓"的控盘程度，而控盘程度也暗示着主力对于投资标的未来目标价位的期望。从我多年的经验来看，若是控盘程度只有10%—20%，其影响股价的能力相对较弱，股价的未来涨幅一般在 50% 左右；若是控盘程度在 20%—40%，股价的未来涨幅一般在 100% 左右；若是控盘程度超过 60%，则未来股价的涨升幅度多在 200% 以上，一般就是市场上出现的超级大黑马；控盘程度达到 80% 以上的股票，其未来涨幅甚至会达到 300% 以上。当然，这里列举的数据并不是操盘铁律，大家权当多一个参考标准。

分时图、成交量和换手率是盘面分析的三大利器。当应用在主力资金的建仓阶段时，这三种分析工具更具实战价值。下面就以 2010 年初锂电池为题材的黑马股德赛电池为例，向读者展示运用分时图、成交量和换手率对主力资金建仓进行研判的思路。希望大家能够有所感悟，举一反三。

2009 年 5 月 11 日，大盘高开低走，午后开始大跌近 3%，德赛电池却表现得相当抢眼，如图 2-1 和图 2-2 所示，尤其是在大盘跳水之时，它甚至出现敢于上攻的动作，虽然最后还是随着大盘的恐慌性杀跌有所下滑，但是也出现了大量成交，说明承接的力量非常充足。总的来说，德赛电池这一天的走势显得相对积极。需要说明的是，这里仅仅截取了主力资金建仓阶段某一段时间的分时图情况。实际上，介入度高的主力一般都有半年以上的建仓期。我们应该好好感悟其中的丰富含义。

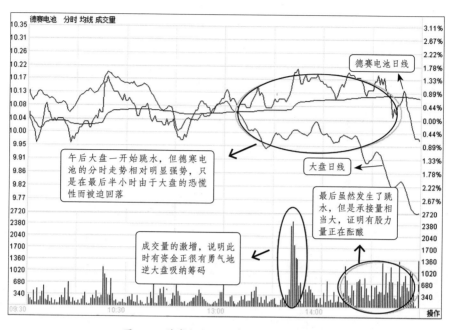

图 2-1　德赛电池 2009 年 5 月 11 日分时图

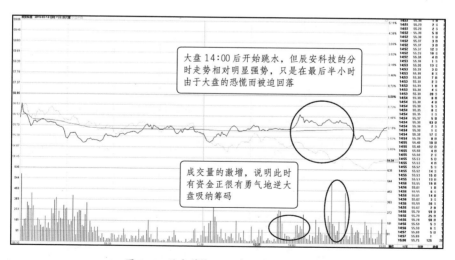

图 2-2　辰安科技 2019 年 3 月 13 日分时图

【学习延伸】

类似赛德电池和辰安科技，市场下行情绪降低，而个股却能够"不随大流"地走出横盘甚至上涨形态，说明主力筹码集中，控盘程度非常深，承接力量强，后市可期。

2009 年 5 月 22 日，大盘表现得不温不火，德赛电池却选择了高开高走的强悍走势。如图 2-3 所示，盘中有两次明显的放量上攻动作，不过这种上攻动作并不持续，股价只是在一个狭窄的区间内波动。

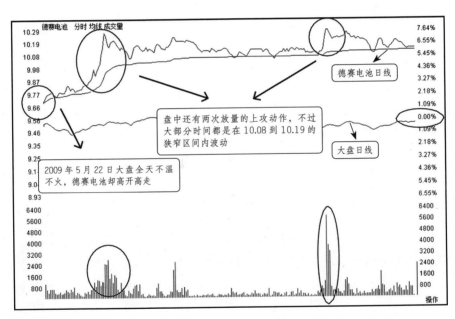

图 2-3　德赛电池 2009 年 5 月 22 日分时图

如图 2-4 所示，2009 年 6 月 2 日，德赛电池的走势好像没有了 5 月底的威风，当天大盘高开高走，它却显得相对弱势。有意思的是，盘中有两次与大盘明显"作对"的表演：大盘下跌它上攻，大盘上扬它下挫。作为场内筹码，这种不断的折腾无疑是在一次次冲击他们的抛售底线，而这正是建仓时期主力资金要达到的目的。

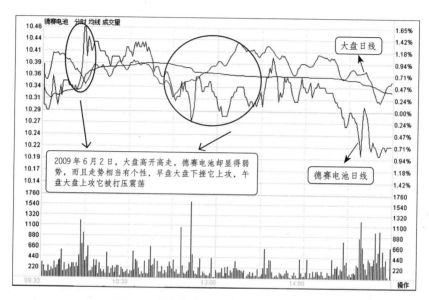

图 2-4　德赛电池 2009 年 6 月 2 日分时图

【学习重点提炼加深印象】

如图 2-5 所示，2018 年 11 月 26 日，大盘平开，福建金森急速下探，全天走势相当有个性，大盘下挫它上攻，大盘上攻它下挫，反复的倒腾冲击散户的抛售底线，达到吸筹的目的，仿佛在为 2019 年初的小牛市做准备。

如图 2-6 所示，德赛电池 2009 年 6 月 3 日的分时图就更有趣了，大盘再次选择高开高走，德赛电池却依然保持低迷，让人非常"郁闷"，甚至往往大盘一有上攻动作，它就出现放量下杀的打压动作，场内筹码想不被折磨出局都难。不过，这种刻意的"逆反"现象，往往也暴露了主力资金的"干预"行为。

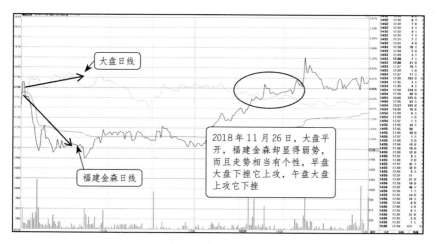

图 2-5　福建金森 2018 年 11 月 26 日分时图

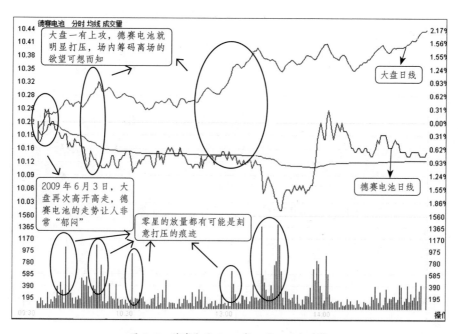

图 2-6　德赛电池 2009 年 6 月 3 日分时图

如图 2-7 所示，大盘低开低走，福建金森却不断上攻，同样暴露了主力资金的"干预"行为。

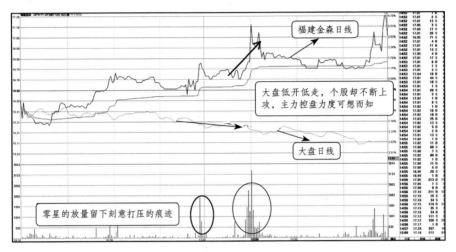

图 2-7　福建金森 2018 年 11 月 20 日分时图（一）

如图 2-8 所示，2009 年 6 月 5 日，德赛电池依然保持着"诡异"走势，大盘选择了高开低走，而它却低开高走。特别值得注意的是，在午后大盘的一波下跌中，德赛电池出现了一波放量拉升，虽然后来也随大盘回落，但最终还是顽强地以红盘告收。在这个过程中，相信又有不少筹码"侥幸"出逃，而主力资金就趁机"笑纳"了。

接下来我们跳出分时图的视角，看看 2009 年 5 月至 2010 年 2 月德赛电池的成交量变化和奥特迅 2018 年 3 月 20 日至 2018 年 9 月 11 日的走势。如图 2-9 和图 2-10 所示，在股价波动区间不大的背景下，德赛电池成交量却呈现出一种"上涨放量，下跌缩量"的节奏。根据之前的分析，我们可以判定有介入度相当深的主力资金正在布局。

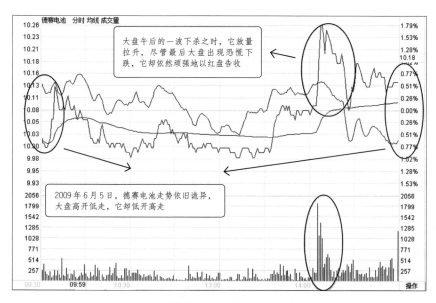

图 2-8　德赛电池 2009 年 6 月 5 日分时图

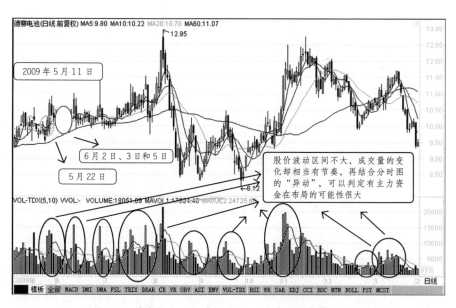

图 2-9　德赛电池 2009 年 5 月至 2010 年 2 月走势图（一）

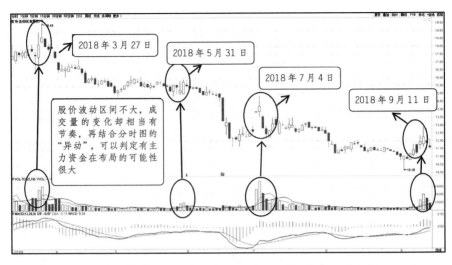

图 2-10 奥特迅 2018 年 3 月 20 日至 2018 年 9 月 11 日走势图

【学习重点提炼】

通过查看图 2-10 中奥特迅半年以来的走势图，我们不难发现：每次拉升都伴随着放量，但是每次的下探成交量都会缩小，按部就班地遵循着"上涨放量，下跌缩量"的节奏。根据之前的分析，基本上可以判定有介入度相当深的主力资金正在布局。波动区间不大，但是成交量变动大，说明布局程度相当深。

再来看看换手率。2009 年 5 月到 2010 年 2 月德赛电池的成交状况如图 2-11 所示。在股票软件上"区间换手"里显示的是超过 1500% 的换手率，平均每天的换手率为 8.6% 左右，在这种股价波动幅度不大（尤其是上涨幅度不大）的情况下，还能保持这样高的换手率，说明个股的筹码交换非常频繁，主力资金在建仓时期的介入度相当深。另外，这只是股票软件上显示的换手率，要进一步精确得出真实的换手率，还需手动分析股东结构和股本变化情况，再计算出"真实"的换手率。这个细节看似不起眼，却是体现投资者深度挖掘能力的关键之一。如图 2-12 所示，2015 年 2 月至 2016 年 2 月天夏智慧的成交状态与此类似。

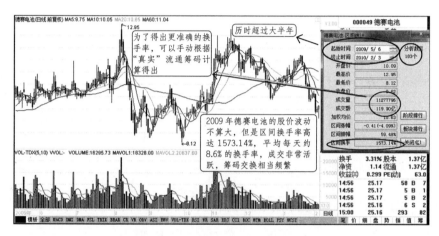

图 2-11　德赛电池 2009 年 5 月至 2010 年 2 月走势图（二）

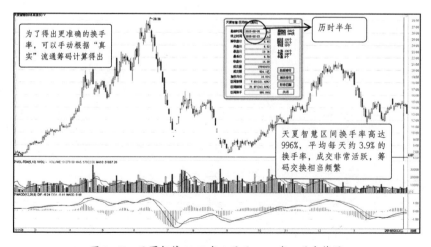

图 2-12　天夏智慧 2015 年 2 月至 2016 年 2 月走势图

如图 2-13 所示，在 F10 的股东研究中我们可以看到，作为大股东的惠州市德赛工业发展有限公司在 2009 年年底仍然持有高达 47.85% 的限售股，其后在 2010 年第一季度得到解禁。在计算"真实"换手率时，这部分筹码就应该被排除在外。结合德赛电池 1.37 亿股的盘子，我们就能计算出大概只有一半也就是 7000 万股的真实流通盘。回顾在图 2-11 中显示出来的成交量 11277796 手（1 手等于 100 股），我们用 1127779600 除以 70000000，就得出约 1600% 的换手率，与之前统计软件得出的 1573.14% 相比差不多。这就再次验证了我们对其换手率高的研判。

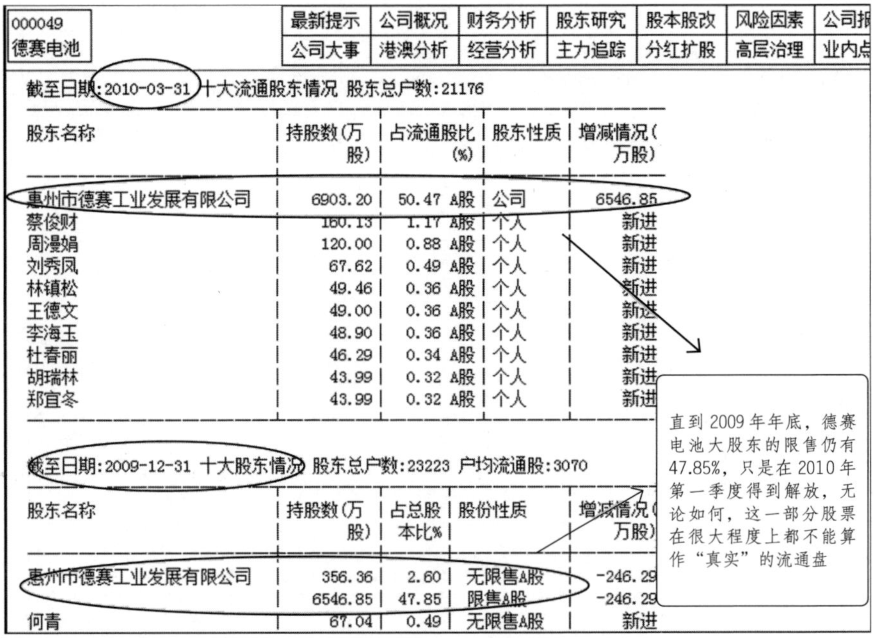

| 000049 德赛电池 | 最新提示 | 公司概况 | 财务分析 | 股东研究 | 股本股改 | 风险因素 | 公司报 |
| | 公司大事 | 港澳分析 | 经营分析 | 主力追踪 | 分红扩股 | 高层治理 | 业内点 |

截至日期：2010-03-31 十大流通股东情况 股东总户数：21176

股东名称	持股数（万股）	占流通股比（%）	股东性质	增减情况（万股）
惠州市德赛工业发展有限公司	6903.20	50.47	A股 公司	6546.85
蔡俊财	160.13	1.17	A股 个人	新进
周漫娟	120.00	0.88	A股 个人	新进
刘秀凤	67.62	0.49	A股 个人	新进
林镇松	49.46	0.36	A股 个人	新进
王德文	49.00	0.36	A股 个人	新进
李海玉	48.90	0.36	A股 个人	新进
杜春丽	46.29	0.34	A股 个人	新进
胡瑞林	43.99	0.32	A股 个人	新进
郑宜冬	43.99	0.32	A股 个人	新进

截至日期：2009-12-31 十大股东情况 股东总户数：23223 户均流通股：3070

股东名称	持股数（万股）	占总股本比%	股份性质	增减情况（万股）
惠州市德赛工业发展有限公司	356.36	2.60	无限售A股	-246.29
	6546.85	47.85	限售A股	-246.29
何青	67.04	0.49	无限售A股	新进

直到 2009 年年底，德赛电池大股东的限售仍有 47.85%，只是在 2010 年第一季度得到解放，无论如何，这一部分股票在很大程度上都不能算作"真实"的流通盘

图 2-13　德赛电池股东研究图

　　最后我们不妨跳到周线图上来回味这一路的分析，如图 2-14 所示，结合技术形态，我们能强烈感知德赛电池在主力资金长时间高介入度的建仓期后，将会迎来一波大行情。而 2010 年德赛电池股价翻两番的惊人表现也将其"锂电池大黑马"的本色发挥得淋漓尽致。如图 2-15 所示，福建金森的情况与此类似。

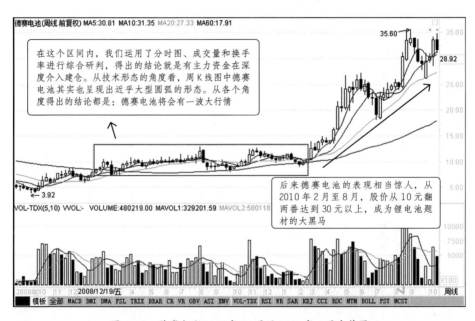

在这个区间内，我们运用了分时图、成交量和换手率进行综合研判，得出的结论就是有主力资金在深度介入建仓。从技术形态的角度看，周 K 线图中德赛电池其实也呈现出近乎大型圆弧的形态。从各个角度得出的结论都是：德赛电池将会有一波大行情

后来德赛电池的表现相当惊人，从 2010 年 2 月至 8 月，股价从 10 元翻两番达到 30 元以上，成为锂电池题材的大黑马

图 2-14　德赛电池 2008 年 12 月至 2010 年 8 月走势图

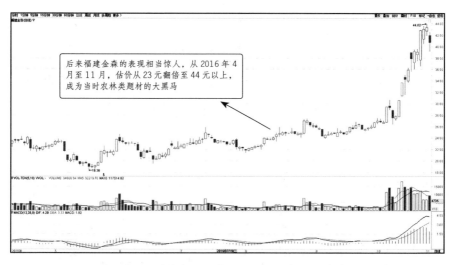

图 2-15　福建金森 2016 年 4 月至 2016 年 10 月走势图

（图中文字：后来福建金森的表现相当惊人，从 2016 年 4 月至 11 月，估价从 23 元翻倍至 44 元以上，成为当时农林类题材的大黑马）

建仓时期的上下影线和缺口

建仓时期的上下影线

在《操盘论道升华曲：看穿盘面》一书里，我曾经对上下影线有过详细的论述。与经典的技术分析教材里的理论不同，我认为在上升阶段一旦出现带长上影线的 K 线，接下来市场更多的趋向是加速突破，如果有长下影线的 K 线出现，则意味着进入上升过程中的调整可能性大；相反，在下跌阶段，如果出现带长上影线的 K 线，说明有较大可能出现反弹，而出现带长下影线的 K 线则预示着加速下挫的概率更大。

需要提醒大家的是，关于长上下影线的两大总结，是基于把大环境简单分成两大类：上升阶段和下跌阶段。从形态的角度看，无论是上升还是下跌，这样的分析前提主要是针对中续形态的。如果面对趋势不甚明显的底部或者顶部形态，那么带长上下影线的 K 线含义就要随着市场变化而作适度的调整。因为一旦进入横盘震荡阶段，就相当于处于一种相对独立的运行环境。虽然这种现象在大周期中并不常见，但对主力资金建仓而言，底部或者顶部的构筑却是隐含着巨大的机会与风险，考虑到庞大资金的进出节奏问题，研究在这种区域出现的带长上下影线的 K 线仍然有着非常实用的意义。

按照我的思路，具体把握 K 线波动背后的多空博弈，第一要看清楚当下的大环境背景，第二要看清楚能量的流动实质。既然本书聚焦在主力资金的建仓阶段，那么相应的大环境背景就是缺乏趋势性的运行方向，下跌动能逐渐衰竭而上升动能缓慢积累。反复震荡的折腾是这个阶段的显著特点。另外，从能量的流动实质来看，这也是一个空方能量逐渐向多方转移的过程，而且多空双方的分歧较大，哪一方都没有足够动能展开持续性的上涨或下杀。当然，量变最终还是会引起质变，在一次又一次的试探中，多空双方的能量对比将会越来越明显，酝酿出一波大行情的可能性也就越大了。

在建仓阶段解读长上下影线的 K 线含义，我认为要把握两个关键点：一是从周 K 线图的视野去研究带长上下影线的 K 线，具备更多的有效性，这对于个股而言尤为突出；二是处在形态重要位置的带长上下影线 K 线代表特殊信号，如果能配合成交量和换手率综合研判，则能更加全面地理解其丰富的含义。

从周 K 线图中分析建仓阶段的长上下影线 K 线，这不难理解。由于主力资金能够在某一阶段主导着市场波动，因此如果想更真实清晰地感悟市场多空双方的能量博弈状况，需要排除单日走势被严重干扰的特殊情况。另外建仓阶段跨度也不能太长，如果从月 K 线图或者年 K 线图去研判，就有"大而无当"的弊端，并不能看出具体的形态，而从周 K 线图出发则能比较清晰地看出大的形态。综合来说，站在周 K 线图的高度分析建仓阶段的长上下影线 K 线是比较恰当的选择。

至于处于形态关键位置的长上下影线 K 线，就要区别看待，因为建仓期的形态就是底部构筑的形态。而我们在之前《操盘论道深入曲：抓住形态》一书中已经知道，无论头肩底还是圆弧底，或者是 V 形底，都有两个特殊的关键位置——颈线位和底位。简单说来，研判周 K 线图中个股底部形态颈线位和底位的带长上下影线 K 线是重中之重。

◇ 底部阶段左侧出现的凶猛长下影线

底部阶段左侧出现的凶猛长下影线是未来测试市场"底位"的参照物。市场的底部阶段，就是下跌趋势的尾声，而这个区域出现的长下影线，虽然意味着趋势的进一步延续，但所谓物极必反，没有只跌不涨的市场，这种看似凶猛的长下影线其实已经在构筑着市场底部的左侧部分。尤其是这种长下影线的最低点往往是未来市场恐慌情绪达到高潮时所要击破的心理极限点，"大底是靠砸出来的"就是这个意思。主力资金在底部左侧阶段砸出凶狠的长下影线，就是为了给场内筹码一个可供参照的信号，为日后测试市场在底部的恐慌出逃程度埋下伏笔。底部左侧阶段出现凶猛的长下影线，意味着未来股价再次冲击其最低位的可能性较大，而且这种冲击往往是反复多次的。另外，从成交量的角度来说，底部左侧一般成交量较小，这是因为市场仍处于低迷状态，因此进一步探底的可能性就更大。

　　1994—1995 年上证指数的周 K 线图如图 2-16 所示，此时市场背景是大盘经历了从 1993 年 2 月到 1994 年 7 月的熊市末段。在 1994 年 7 月一波强劲反弹后，大盘迎来了连续 4 周的大跌，将市场刚刚燃起的希望又凶狠地打压下去。1994 年 10 月的第一周上证指数更是一度下跌到最低点 546.79 点。这根带长下影线的周 K 线大概处于底部阶段的左侧，看上去异常凶险，无疑对未来市场走势产生极大的向下牵引力。为何这样说呢？道理很简单，在熊市尾声发生暴涨后再暴跌，市场从重燃希望到再次绝望，这就为活跃底部阶段的成交量打下了基础。此时市场的情绪大多是患得患失，极其脆弱的。先知先觉的主力资金正是瞄准了这一点进行建仓操作。既然周 K 线上留下了一根带长下影线的痕迹，那么市场的关注焦点无疑就是检验这一最低点的支撑力度，这也是大多数人的压力承受底线，他们往往就倒在这个区域附近。主力资金要拿到更多的便宜筹码，就要在这个极限区域考验市场的意志。因此就会在底部形成阶段不断试探这根带长下影线 K 线的最低点，当这个极限区域的成交量逐渐萎缩到最低迷的程度时，往往就预示着市场对于这一底部有着比较一致的认同了。如图 2-17 所示，2016 年 8 月至 2017 年 4 月大盘走势与此类似。

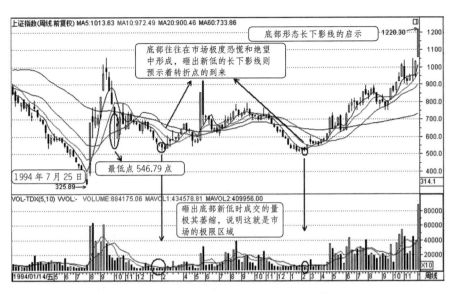

图 2-16   上证指数 1994 年至 1995 年走势

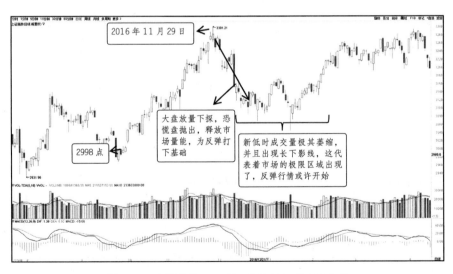

图 2-17   上证指数 2016 年 8 月至 2017 年 4 月走势

　　如图 2-18 所示，阴线不断打破市场防线，新低的成交量往往极度萎缩，此时探底回升的可能性较大。

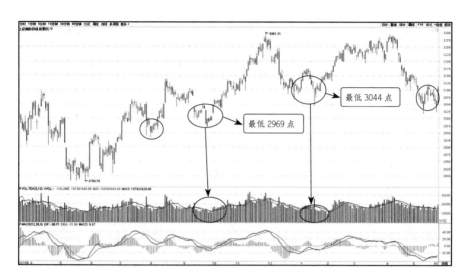

图 2-18 上证指数 2016 年 4 月至 2017 年 5 月走势图

【学习延伸】

回顾图 2-17 与图 2-18 可知，当盘面每次新低时，成交量都显得极其萎缩，并且出现长下影线，这代表着做空方实力减弱，市场出现了极限区域，反弹行情或许由此开始。

【学习重点提炼】

上证指数在这一年间大起大落的走势中，什么是顶部、什么是底部变得不那么明显，因此我们应该阶段性地把握超越大盘涨幅的机会，这需要极大的耐心，不能被短期的震荡所蒙蔽，我们要懂得揣摩主力资金的意图，把握大概率。

1997—1999 年上证指数的周 K 线图如图 2-19 所示，这里至少留下了 5 根带长下影线的周 K 线，其最低点都在 1100 点附近。简单来说，在这个阶段，1100 点就是市场认可的大致底部极限。发生在 1997 年 6 月第二周的带长下影线周 K 线，其最低点为 1154 点。在这之前，市场经历了一轮连续 16 周的逼空行情，在 1500 点（当时的历史高点）戛然而止，开始了回调行情。这说明了什么？说明疯狂过后的市场一退潮，其下调的压力往往不是短时间就能消化的。因此这根带长下影线周 K 线就为市场后来的趋势带来了强大的向下牵引力。后来大盘的走势也确实在一而再，再而三地挑战 1100 点的底部位置，为新一轮的牛市酝酿力量。

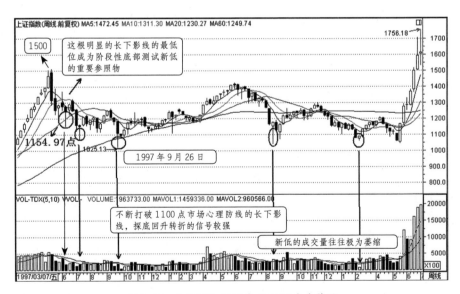

图 2-19　上证指数 1997 年至 1999 年走势图

◇冲击"底位"低点后的长下影线

冲击"底位"低点后的长下影线是探底回升的信号。一旦市场近乎崩溃，冲击"底位"低点后出现的长下影线有较大概率成为探底回升的信号，不过这种冲击是否创出新低并非是最重要的，因为这只不过是反映"底位"位置上人气的恐慌程度是否超出预期罢了。能够作为确认"探底回升"研判的技术原则和经验有两个：一是在冲击"底位"低点的区域成交量极其萎缩，尽管击出新低的当日可能不是成交量最小的，但在这附近区域的成交量相对前期大跌更为稀少；二是冲击"底位"低点要经历市场一而再，再而三的折腾，才能最终成为突破"坑底"的信号，市场的底部需要反复震荡才能形成足够结实的根基，而且时间越长，过程越曲折，积聚的能量就越大，一旦爆发，将会"一发不可收拾"。对于主力资金建仓而言，利用打压手法将股价砸到底位就是为了看看恐慌高潮能吓出多少筹码。同时，如果市场对此股价成为"底位"具有较一致的认同感，就会出现场外"先知先觉"的资金共同抄底的现象，于是在此位置出现的长下影线实际上可以看作是空方能量消耗殆尽而多方能量逐渐积累的信号，多空双方力量相加，往往底部的量就出来了。

2004 年到 2006 年上证指数的周 K 线图如图 2-20 所示，出现在 2005 年 4 月到 6 月的一轮恐慌式破位下跌中的带长下影线的周 K 线最低点一次又一次被刷新，可见当时市场情绪的非理性和绝望程度有多深。不过值得注意的是，在出现历史低点 998.23 点后，市场开始出现了微妙的变化，成交量从极度萎缩到慢慢放量，另外，在后来的两次冲击最低点中，也没有再有效击破过 1000 点。这一是因为市场对这个底部阶段已经具备了高度的认同感，因此在这个区域出现的长下影线周 K 线就有了探底回升的意味；二是先知先觉的主力资金已经开始介入建仓，因此与绝望而逃的空方能量一碰撞，成交量就出来了。如图 2-21 所示，2013 年 6 月 25 日前后的上证指数走势与此类似。

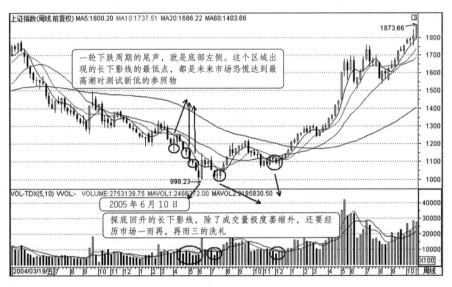

图 2-20　上证指数 2004 年至 2006 年走势图（一）

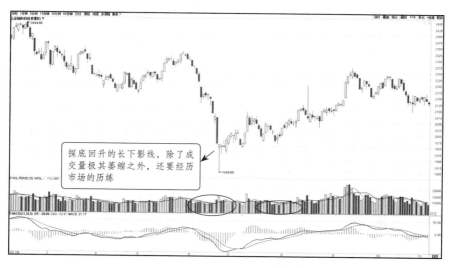

探底回升的长下影线，除了成交量极其萎缩之外，还要经历市场的历练

图 2-21　上证指数 2013 年 6 月 25 日前后日 K 线图

2008—2011 年上证指数的周 K 线图如图 2-22 所示。市场经历了 2008 年的惨烈熊市之后，2009 年又发生了一轮近乎逼空式的强烈反弹，后来止步在 3500 点前并开始一轮回调，以消化空方能量。2009 年 9 月的第一周留下了一根带长下影线的周 K 线，最低点为 2639 点，这为后来的市场走势埋下了伏笔。如果说这个区域将是未来新一轮牛市的底部区域，这个低点就会成为后来市场不断考验的极限点位。其后，在 2010 年 4 月推出股指期货的背景下，市场在不经意间刷新了低点。随着成交量的极度萎缩，击穿了 2639 点后出现的带长下影线的周 K 线则意味着空方能量的衰竭，探底回升的概率逐渐加大。这也是当时我判断会有一波超预期反弹即将发生的理由之一。如图 2-23 所示，深证指数的情况与此类似。

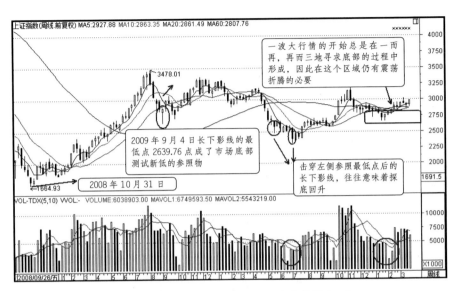

图 2-22　上证指数 2008 年至 2011 年走势图（一）

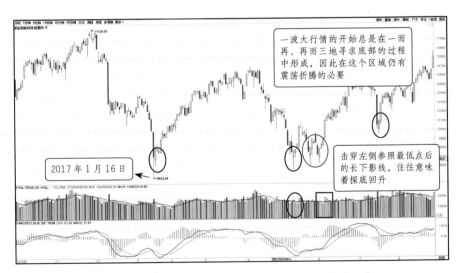

图 2-23　深证成指 2016 年 10 月至 2017 年 8 月走势图

◇底部形态颈线位置的长上影线

要突破大行情来临之前的底部颈线位置，我曾经在《操盘论道深入曲：抓住形态》一书中谈过"两个3"的技术原则，一是突破颈线位置超过3%，二是站上颈线位置超过3个交易日。如果在这个研判经验上结合长上影线进行综合分析，我们就能得出更为全面的结论。

底部形态"初期"突破颈线时，一般已经处于底部的右肩区域，而在这个颈线位出现长上影线，尤其是当成交量较大时，虽然从长远意义上来说有向上的牵引力，但短期而言往往意味着暂时休整，市场有再次考验底部或者以退为进再消耗空方能量的需要。道理很简单，请注意这里有两个关键词："初期"和"成交量较大"，从多空双方博弈的角度看，正如"底位"需要反复折腾才能把基础打牢一样，突破"颈线位"也需要一而再，再而三的冲击才能真正打开上升空间。颈线位置出现的带长上影线 K 线"成交量较大"，说明主力资金在试图上攻的时候遇到较大的抛售压力，这种抛售往往来自短中线套牢盘的蜂拥而出。简单来说，主力在试盘时遇到较大阻力，就是因为松动的流通筹码仍然较多，主力控盘程度仍不够高，如果想要在未来拉升股价时更为轻松和长久，那么回调将是主力资金收集浮动筹码的较好选择。

1994 年到 1996 年上证指数的周 K 线图如图 2-24 所示。我们可以看到，这个底部区域的重要颈线位是 800 点和 900 点大关。大行情的底部突破有一个重要特点：有效突破往往要经历数次曲折。因此在这个颈线区域初期出现的长上影线往往意味着寻求底部确认过程的再次到来。如图 2-25 所示，创业板指的情况与此类似。

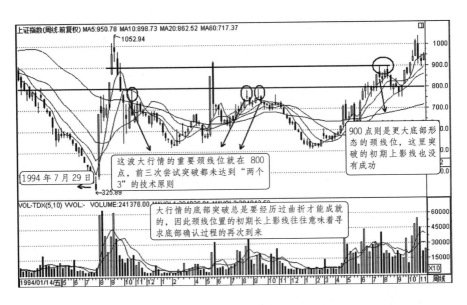

图 2-24　上证指数 1994 年至 1996 年走势图

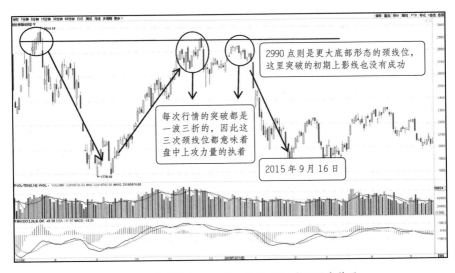

图 2-25　创业板指 2015 年 7 月至 2016 年 5 月走势图

【学习重点提炼】

成交量在头肩底或头肩顶形态中是非常重要的，除了两肩与底部，突破区域也值得关注，每次上攻必然带来巨大的成交量，这是多空双方的交手，第二次上攻力量加大，两者对接，成交量放大就成必然，在突破区域，成交量推动多方步步为营的蓄势上攻。

【学习延伸】

头肩顶形态需要注意的事项：

（1）作为剖析的起点，别被周线迷惑。

（2）反抽结束后，要有果断离场的勇气。

（3）头肩顶本质上就是把头肩底倒转过来，有相似，也有不同。

（4）头肩顶的时间跨度一般相对较小。

2004年至2006年上证指数的周K线图如图2-26所示，1200点是小双底形态的重要颈线位，而1700点是大型圆弧底的关键颈线位。在初期尝试突破这些重要压力位阶段出现的带长上影线周K线，往往意味着多方在试探性进攻受阻后，选择以退为进的方式重新积聚能量。道理也不复杂，毕竟面对重要压力关口，多方和空方必定会有一番激烈争夺，胜者一马平川，败者则势如山倒，在关键位置多一些折腾也就在情理之中了。

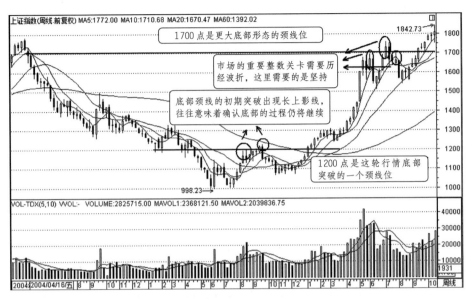

图 2-26　上证指数 2004 至 2006 年走势图（二）

2008 年到 2011 年上证指数的周 K 线图如图 2-27 所示。3000 点对于市场来说是重要的牛熊分界线，在初期冲击时出现的带长上影线周 K 线，往往意味着寻求底部确认过程的再次到来。2011 年年初，市场再次尝试冲击 3000 点，这时又留下了一根带长上影线的周 K 线。根据市场突破重要颈线位往往需要一而再，再而三冲击的经验，再结合赢利系统中的其他因素，因此我认为当时正在酝酿新一轮牛市，在这个区域继续折腾会是大概率事件，而后来市场的走势也进一步验证了我的猜测。

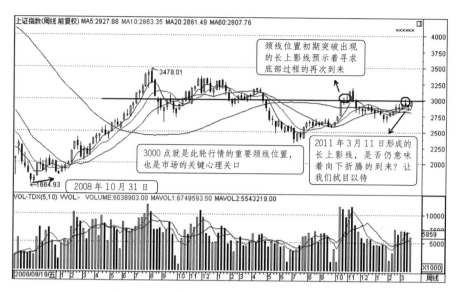

图 2-27　上证指数 2008 年到 2011 年走势图（二）

如图 2-28 所示，大盘急速下跌，成交量骤缩，市场悲观情绪弥漫。

形成此轮行情的重要颈线位置，也是市场的关键心理关口。

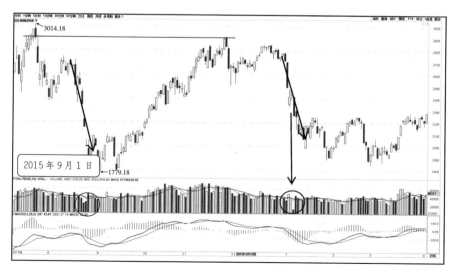

图 2-28　创业板指 2015 年 8 月到 2016 年 2 月走势图

那么，什么时候的带长上影线 K 线才能算作真正突破颈线位的信号呢？这里同样需要两个技术信号：一是此时冲击颈线的成交量较上一次冲击颈线时有所萎缩，因为这意味着这次冲击受到的抛售压力已经较轻，因此就具备了主力资金进一步放量突破的条件；二是底部形态构筑过程中的换手率足够大，换手率越充分，说明在建仓阶段筹码集中度越高，积累的能量也越大，一旦爆发起来将会非常惊人。什么样的换手率才足够充分？这会因为主力资金介入程度的不同而有所差异，但有一个可供参考的经验数据是，当累积换手率达到 1000% 或超过 1000% 时，建仓周期有一年或一年以上的个股成为市场阶段性黑马的可能性较大，能量稍微弱一点的，累积换手率也应该超过 300% 才会有一波明显的上升。读者不妨验证一下这个经验数据，不过要清楚，这里说的累积换手率是指建仓周期以内的，千万别把统计范围扩大到整个运作周期。

对于 2015 年的整个大牛市行情，3000—3400 点属于上升途中的中续阶段。如图 2-29 所示，1 月 9 日沪指试图向上突破失败，留下长上影线，显然这里的阻力不容小觑，但这却是颈线位的标记，并预示了之后如果向上有效突破了，便是与这一段横盘整理相匹配级别的拉升。

从 2015 年 1 月 6 日到 3 月 13 日，沪指机会一直受制于这根上影线留下的颈线位压力，但横盘末端的突破，却开启了高达 1000 点的连续直线拉升。对 1 月 9 日这根上影线的向上试探意义，应予以重视。如图 2-30 所示，创业板指的情况与此类似。

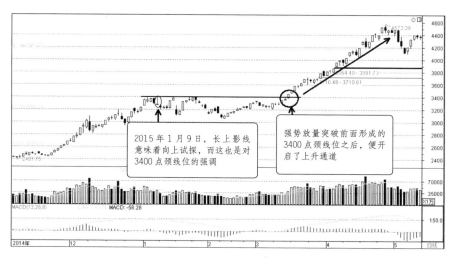

图 2-29 上证指数 2014 年 11 月 5 日至 2015 年 5 月 14 日日线图

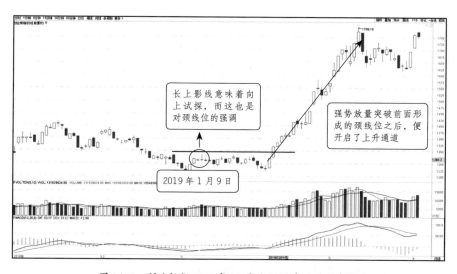

图 2-30 创业板指 2018 年 11 月至 2019 年 4 月日线图

从图 2-31 可以看出，在沪指下跌过程中，第一次长下影线往往

属于试探，当然也有企稳的作用——伴随着短期的反弹和筑底整固的

表象，但这往往并非中线底部，果然，沪指在 2015 年 8 月下旬再次探底。如图 2-32 所示，创业板指的情况与此类似。

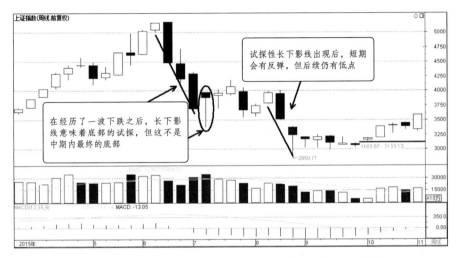

图 2-31　上证指数 2015 年 3 月 27 日至 2015 年 11 月 26 日周线图

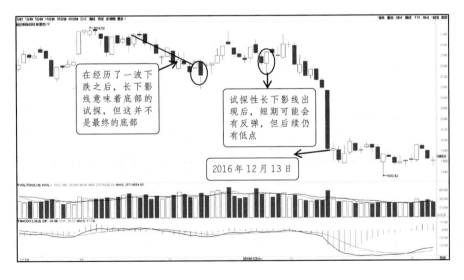

图 2-32　2016 年 9 月 19 日至 2016 年 12 月 29 日创业板指日线图

【学习小总结】

通过图 2-31 和图 2-32 对上证指数和创业板的解析，不难发现第一次下影线只是试探市场情绪，并非真正的触底回升，市场风险并未被良好地释放，此时应当采取轻仓观望策略，做好风险控制。

再次提醒读者，在这里我们提到的成交量和换手率，一定不能简单笼统地从股票软件上显示的虚线柱的成交量和换手率统计中得出结论。因为在主力资金建仓期间，上市公司的股本情况往往已经发生了改变，流通股份的规模很有可能经历了多次扩张。因此在对比成交量和评估换手率大小时务必结合股本在此期间的变化，进行综合研判。细节是魔鬼，操盘手的水平往往也体现在这些看似不起眼却十分重要的细节上。

建仓时期的缺口

建仓时期还有一种比较特殊的技术信号值得操盘手注意，那就是缺口的出现。在《操盘论道升华曲：看穿盘面》一书里，我对突破缺口、中续缺口、普通缺口和衰竭缺口分别在上升和下跌阶段做了详细阐述。与带长上下影线的 K 线一样，由于建仓时期从大的形态来看是处于横盘震荡的独立运行模式，并没有形成持续的趋势性方向，因此在这个阶段出现的缺口就具有比较特殊的含义。

我们不妨来回顾一下《操盘论道升华曲：看穿盘面》中对底部阶段的缺口分析。

第一，震荡下行中回避跳空向上缺口的反弹机会。在底部反转阶段的左边震荡下行过程中，如果出现跳空向上缺口，基本可以肯定这是一种普通缺口，而这缺口带给我们的实战意义就是回避这个反弹机会，耐心等待回补缺口的波动。

第二，震荡下行中面对三种缺口，把握跳空向下机会。在底部反转阶段的左边震荡下行过程中，如果出现跳空向下缺口，那么要看其形成的状态；如果是在震荡过程中，那么为普通缺口的概率较大，接下来可以考虑把握补缺带来的反弹机会；如果是在向下突破阶段，那么为突破缺口的概率较大，此时短期观望，中期倒是可以逐步建仓，毕竟这个缺口最终必然会回补；如果是在缓跌后再急跌过程中出现的缺口，那么为衰竭缺口的概率较大，短期与中期机会都相当大，接下来应大胆把握补缺机会。

第三，震荡上行中的跳空向下缺口等于送钱机会。在底部反转阶段的右边震荡上行过程中如果出现跳空向下缺口，那么基本可以肯定这仅仅是普通缺口，接下来必然要坚定把握反弹补缺机会。有时候，震荡上行过程中的跳空向下缺口带来的不是风险，而是送钱的机会，就看你能否把握了。

第四，震荡上行中的跳空向上缺口如果不是突破缺口，那就是普通缺口。在底部反转阶段的右边震荡上行过程中，如果出现跳空向上缺口，此时，别太开心，要联系具体波动状态，看其是否属于突破缺口，如果不是，那么更可能是普通缺口。普通缺口意味着什么？那就是短期要回调补缺，这不是机会而是风险。当然，就中期而言，由于已经进入震荡上行的阶段，哪怕这个缺口的风险没有回避好，最终也是赢家，因为市场会继续上行，此时缺口的重要意义就在于让懂得缺口语言的人知道如何回避短线风险，以及知道会有更好的介入时机。

第五，震荡上行到了最后，有效突破缺口的意义在于揭示更大的未来。震荡上行到了最后，也就是底部反转阶段的尾声，即大形态的最后突破阶段，此时，跳空向上缺口的出现将带来更多的机会。当然，这个过程中会出现假突破缺口的可能，但不管如何，这里的缺口都是一种积极现象，而在此时，前面左边震荡下行的缺口都已经完全回补，一旦真的形成突破缺口，就意味着打开了新的天地，而不是"最后的晚餐"。一旦突破缺口没回补，就意味着中期更为深远的行情展开了，此时，突破缺口的意义就在于揭示更大的未来。

这里不妨对主力建仓时期所出现的缺口再作一点补充分析。首先我们要明确研判缺口所发生的区域是否属于建仓时期。怎么判断呢？一是可以从大周期的底部形态去识别，二是可以看主力资金的介入程度是否足够深入（如累积换手率），三是在重要颈线位出现长上影线时成交量是否较大，四是结合大盘的运行状况看看是否适合主力资金爆发，等等。简单说来，本书介绍的所有知识都可以帮助我们判断主力资金是否进行建仓，只要我们能够将知识点综合起来灵活运用，相信一定会有惊喜的收获。接下来的事情就好办多了，因为在建仓时期出现的缺口一般来说都是普通缺口，在短期内都要回补的。向上或向下出现的缺口越频繁，说明主力资金的手法越精彩，其上蹿下跳的功夫绝对会把场内筹码都折腾到自己手里，而这也预示着主力的实力和目标都非同小可，不然花这么大工夫折腾图什么啊？至于什么样的缺口才真正算是脱离建仓区域的突破性缺口，我们不妨回顾一下"两个3"，即突破颈线位置价格超过 3% 并且保持超过 3 天，这个极具实战性的经验在帮助我们回避风险的同时也让我们抓住了应有的机会。

总之，在实战过程中，通过缺口去把握市场是非常有效且实用的策略，值得投资者好好体味，这样才能让自己的能力得到进一步提升。

没有永恒的成功，也没有永恒的失败

喜庆的日子，总是容易让人触景生情；不仅触景容易生情，触"人"也容易生情：当见到从小一起玩到大的同学时，我一样会充满旧日的情怀。

喜庆的日子也是生情的日子，喜庆酒是要展现自己最为积极的情绪的，此时，一切的烦恼都可暂时抛之脑后，我想到的更多是美好，见到特殊的景与人，能不生情吗？

为何要过节？人总是要放松的，或者暂时抛开一切烦恼享受快乐。就如在炒股的过程中，总要有段时间彻底忘却过去的痛苦，重新开始，抱着积极的心态面对涨跌。此时，人才能进入从容的状态，也才有可能面对大的惊喜与转机。放下一切，才能有机会拥有一切，你说对吗？

晚上望着难得一见的星空，更容易增添不少情怀。人只有在面对浩瀚无际的自然的时候，方知自身的渺小，才更容易释然一切，放下一切。所以，在炒股失败的时候，或者是在事业进入低谷的时候，不妨多仰望星空，慢慢地，一切都会好起来的。

喜庆的日子，我们要好好感受；无际的星空，我们要好好仰望；积极的心态，我们要好好培养。量变终会促成质变，当来年再次感受喜庆的时候，当再次仰望星空的时候，当再次调整好心态的时候，或许，一切都将是新的开始。

资本市场没有永恒的失败，也没有永恒的成功，短暂的失败，你是否能够承受住，或者你是否能够在经历失败后再次站起来，都将极大地影响到最后的结果。可以说，命运始终掌握在自己手中。要让自己的世界变得超过预期，没有其他办法，只有好好珍惜自己，努力，努力，再努力，未来才会在前方。

只要努力了，不管结果如何都无悔。我一直坚信，只要有梦，只要坚持不懈，只要不断努力奋斗，收获是迟早的，至于收获大小，那不仅要靠自己，也要靠运气，一切随缘。不过，缘这东西，也是很奇妙的，属于你的，始终都会是你的。

从震撼灵魂深处开始

很多人很喜欢探讨主力的思维、主力的手法、主力的资金，自己却连大资金都没碰过，还谈得煞有介事。这似乎是很可笑的，但其实并不可笑。

可笑的是矛盾对比带来的滑稽效果，不可笑的是人人都有想象的权利，通过自身的了解进行想象式的阐述，这也无可厚非。只是，有一点是可以肯定的，没有深切体会过大资金操盘的人，完全凭想象来阐述，内容必然是空洞的，也无法拨动业内人士的心弦。

　　纵观那些真正的大师，或者是那些真正的"大鳄"，为何他们表达出来的内容就那么具有震撼力呢？本质上就是他们运用大资金深切感触过资本市场，他们有些已经融入了资本市场，很自然，他们表达出来的内容，就具有相当的震撼力了。当然，这种震撼力要与那些煽情文章带来的震撼力严格区分开来，这里的震撼更强调的是灵魂深处的震撼。

　　集合百家之长，同时与实际操盘运作体验结合，随着时间的推移，最终是有机会从量变达到质变的，人在资本市场的成长史中，往往都是从小开始，这里的小不仅是指资金的小，更是指各种经验与心得的小。有努力、有坚持、有成长，这样的人才有机会成才，成为这个市场的少数优秀者，直至成为少数大赢家。

　　谁都想做大赢家，只是，这大赢家看上去容易，真正要达成目标，却是需要相当多的付出与因缘。很多人都认为自己付出的够多了，但并不是流了汗就是付出了，而是真正用心感悟一些东西，用心积累一些东西，用心把握一些东西，以上综合起来才是付出。另外，因缘就是比较玄乎的东西了，人能否成功，除了自身努力外，还要外在的天时、地利、人和这些因素，人可以去争取，但不能够完全把控，最后的结果需要一些运气才行。为何有人说做股票成功"七分靠技术，三分靠运气"，其实，人能否成功很多时候也是如此。虽然三分的运气占据的比例好像不大，却是不可或缺的，珍惜之、重视之，成功或许自然就降临了，忽视之、轻视之，成功则遥遥无期。

　　因缘这东西，就如运气，看不到，摸不着，好像能够把握，但又把握不了，一切都要随缘。要想震撼别人的灵魂深处，首先要震撼自己的灵魂深处，不论是操盘还是写作，都是如此。

建构形态

主力资金对投资标的进行建仓，在形态上的体现就是建构底部形态的过程。在《操盘论道升华曲：抓住形态》一书中，我曾经介绍过各种底部形态，包括圆弧底、头肩底、V形底。那么从主力资金的操盘思维来说，不同的底部形态是不是也能反映出它们的差异呢？答案当然是肯定的。下面我们就来一一剖析不同底部形态各自所代表的主力操盘背景和意图。

圆弧底

从技术特征来看，圆弧底可以分为两大部分：圆弧的左半部分与右半部分。圆弧左半部分处于阶段性下跌的末期阶段，绵绵不绝、不知道哪里是底的震荡下行构成了左半部分。圆弧右半部分处于阶段性上涨的初期阶段，稳扎稳打，不断反复震荡上行，跟左半部分形成近似对称的形态，这就构成了圆弧底的右半部分。简单说来，圆弧底的显著特点就是时间跨度长，主力资金敢于在下跌周期的尾声阶段进入，说明其有先知先觉的过人胆识，同时这批资金又不急不忙地打造圆弧的右半部分，说明其有极其纯熟的操盘手法和巨量资金的支持。由此，我们可以得出一个结论：存在于该股的主力集合体绝对来者不善，善者不来，敢于投入巨大资金和时间精力，其所追求的就是极为丰厚的利润。这也是我把圆弧底称为黄金般底部形态的原因。

另外，圆弧底一般存在于一轮大熊市末端和新牛市的酝酿初期，时间跨度相当长，因此在大周期中这种形态并不多见。无论是对大盘的研判还是对个股的挖掘，一旦遇到这种圆弧底的大型底部，我们一定要学会把握。

头肩底

头肩底与圆弧底之间的界限其实不是绝对的，在我看来更多的是复合体变形或者时间跨度大小的问题。简单说来，圆弧底可以看作是多个头肩底的复合体，或者说圆弧底是时间跨度延长后的头肩底。无论如何，头肩底告诉我们的主力建仓意图就是在酝酿一波阶段性的行情。另外，请注意一点，主力资金运用横盘震荡手法以达到吸筹洗盘的目的时，其实就是构筑头肩底形态的过程。尤其当大盘的上下波动明显剧烈时，若个股的震荡区间仍然保持稳定，便意味着主力资金对该股的控制度相当高，非常值得投资者关注。

V 形底

一般而言，这种形态容易出现在大盘急剧下跌、个股价格迅速崩塌之后。从多空能量转化的角度来看，多数筹码都会在股价剧烈下杀当中成为套牢盘，而如果多方采取激进的方式在短时间内持续拉抬股价，必然会消耗极大的能量。因此，如果主力资金采取这种建仓手法，很有可能只是快进快出的短线炒作，机会和风险都转换得极其迅速，一般投资者难以跟上节奏。但是，也可能出现另外一种情况，就是主力资金在建仓完毕后，为了完成拉升前最后的洗盘动作，会采取砸盘下杀的手法，砸出 V 形底的左半部分，然后在场内筹码仓皇逃窜、场外资金敬而远之的时候，迅速开始一去不回头的拉升阶段。

操
盘
手
记

大的变革必然伴随大的机会

社会的每一次大变革，都会引起市场的升级换代，此时蕴含着预料之中和预料之外的巨大机会。

发现机会并懂得把握机会的人，很容易在大变革之中脱颖而出，成为大英雄、弄潮儿。互联网的诞生与不断发展带来的机会，我们已经有目共睹。桌面操作系统成就了微软，电脑普及成就了戴尔，搜索引擎成就了谷歌与百度，即时通讯聊天工具成就了腾讯。在整个互联网的创立与不断发展过程中，我们已经见识了太多太多的奇迹。

发展无止境。在现代社会，只要懂得抓住并把握大变革之中的机会，奇迹就随时有可能降临。网络电视、手机媒体、基因治疗等目前尚处于发展初期阶段，随着时间的推移，市场进一步的发展，未来的奇迹也许已经在酝酿中。

在资本市场里，尤其是在中国，股指期货、合伙私募等尚处于发展初期阶段，随着时间的推移及市场进一步的发展，也必将诞生很多奇迹。作为资本市场的一分子，结合社会大变革的浪潮，该如何规划自己的未来，让自己在未来发展中抓住属于自己的机会，无疑是需要好好思考的问题。

我有一种强烈的感觉，那就是我已经赶上时势了，在大变革的浪潮中，关键就看我是否能够发现机会并抓住机会了。

金融文化产业这一领域，就是我目前所看中的一块处女地。

每个人都要结合自我优势才能走出属于自己的道路，我不懂基因治疗技术，虽然看好它的发展，但要参与其中，除非在资本市场挖掘相关公司，否则要想真正投入其中，显然是不现实的。

我懂资本市场，那我就要结合资本市场的现状及社会的大趋势，找出突破口，找到机会并抓住机会。这就是我的思路，我觉得这也应是每个想要把握自我的人的思路。

光有想法其实不难，关键是要落实，从想法转换到实际，这过程可不是那么容易的。

虽然不容易，但只要有决心，全身心坚持并付出了，那么，最终就算失败了，也是没有遗憾的。

大盘与个股，两难选择

在把握市场机会与回避市场风险的博弈过程中，什么样的状态会是一个两难选择呢？那时，我们又该如何应对呢？

有时市场走出较为强势的反弹，但随着反弹的深入，随时会出现回调，这回调有可能是大跌，但不会马上进入新的熊市，仍会有个反复过程。研究市场后，我发现短期达到相对的疯狂后进入短期变盘状态，有可能就是第二天。

由于市场反弹较为强势，随着反弹的深入，个股将会越来越精彩，如果新介入的品种属于尚未大爆发品种，虽然我们预感市场要回调，但对尚未大爆发的品种依然充满着期待。

矛盾产生了，市场预计马上回调，手中个股预计仍有大爆发的机会，问题是手中个股一直还没大爆发，如果贸然出局，一旦大爆发自己将处于非常尴尬的境地。

简单说来，无外乎以下四种情况：

第一，大盘马上回调，其抵御住压力后大爆发；

第二，大盘马上回调，其在市场回调过程中大爆发；

第三，大盘回调前，其已大爆发；

第四，大盘马上回调，其未能抵御住压力最终沦陷。

第三种情况是最好的，回调前大爆发就什么都不用想了，可进可退。第四种情况是我们最不想看到的。至于第一、二种情况则要看在大盘回调过程中自己是否依然持股，如果回调前已经出局，在个股抵御住压力过程中又没介入（一般都不会介入，毕竟刚刚出来），最终大爆发的话，懊悔是必然的；至于在市场回调过程中大爆发就更不用说了，那时绝对会懊悔。

是进是退，充满着矛盾，毕竟此时的市场并不是已经进入新的熊市阶段，而仅仅是强势反弹后的初期回调，初期回调后一般还有反复，最终再往下破位才有可能进入新的熊市阶段。此时，由于市场已经被彻底激活，就算调整，部分个股也能够很好地接过活跃之棒，不排除有潜力的品种出现大爆发的可能。

该如何做出抉择，真的非常考验人。

最稳健的方式是全身而退。在大盘回调前不管如何，先全部撤退，但这样有可能失去进一步扩大战果的机会。

最激进的方式则是坚持到底。任由大盘回调，坚持到底，看准的就是其接下来的大爆发，虽然有可能夭折，但不到最后一刻不放弃，这样有可能带来的结果就是两极分化。如果爆发了，操盘资产将得到很好地提升；最终夭折了，操盘资产则面临缩水的境地。

其余的方式介于这两者之间，结果则在最好与最坏之间波动。

记住，这里没有最佳答案，毕竟最后的结果很难预料。不同性格的人会做出不同的选择，性格决定命运在此刻会淋漓尽致地展现出来。请问，你是哪一种人呢？

或许有人会说，如果能够准确研判大盘的同时，也能彻底研判好个股，那就不存在上面选择的问题了。没错，这不是不可能，但不具备持续性，就好像每天都能够赚一个点一样，不具备持续性。

所以，每个人最终都会面对这样的问题，最终也会做出选择。作为操盘手，切记选择是不可避免的。不过，在选择前，在想到最好结果的同时请务必想到最坏的结果，这样才能多一分沉着与坦然。

03

主力建仓的操作策略

仓位控制和资金管理

主力建仓的策略

主力建仓的惯用手法

◇ 在上涨的阶段吸筹

一些股票在大盘黎明前最黑暗、人气最涣散的时候，借着"夜幕"做掩护，悄悄地走出不为人所注意的缓慢上升通道。

这个时候，由于大盘不好，抛盘多为割肉盘，主力可以隐蔽地吸纳廉价筹码。当盘面上档有大卖单挂出的时候，主力一般以主动性买单买进上方大单筹码，采取多进少出的策略，在人气不旺或市场人士都没有注意时，既不引起价格上涨，又能吸到廉价筹码。

有时，由于上档不断有大卖单出现，主力不得不接下筹码，这样到快收盘时，在日 K 线上可能已经形成了小阳线或者中阳线，但由于还可以在相对低位再次吸到廉价筹码，降低持仓成本，所以，主力会在收盘时趁投资者注意力涣散、下档承接盘稀薄之际，再次用少量筹码将股价打下。这样，主力第二天可以在此价位反复吸纳筹码，争取在交易的相对低位增加吸筹量，以降低持仓成本。

随着时间的推移和某个价位上流通筹码的日益减少，总是固定在某个价位区域很难吸到廉价筹码了。此时主力就会以主动性的小买单小幅度地推升股价，然后开始新一轮的吸筹。虽然此时的成交量是真刀真枪的买进，但因为量能不大，也不会引起市场投资者的注意。

随着时间的推移，个股会在日K线上渐渐形成上升通道，并且由于经历了长期的窄幅震荡，一些散户投资者不见大幅拉升是不会卖出手里筹码的，这会造成主力吸货的被动。当这种吸货方法进行一段时间以后，渐渐会引起专业人士的注意，主力可能就会采用下跌趋势或者打压的方法建仓。

◇故意打压建仓

另一种惯用手法就是打压建仓，或在利空消息的打压下慢慢吸筹。想要更容易、更快捷地收集筹码，最好的办法莫过于制造恐慌下跌。在换手率较低的情况下，主力往往难以收集到大量的筹码，通过抛售原有的一部分筹码打压股价，引发恐慌性的抛售，此时便是极好的捡廉价筹码的时机，这是人为的打压股价吸筹建仓的方法。

很多时候主力资金也借助外界条件对股价的影响而达到吸筹的目的，市场利空就是一剂猛药，同样可以达到捡便宜的目的，股价受利空等消息的影响而下跌，主力在此下跌过程中实现吸筹。

主力打压建仓的主要手法

◇ 在下降过程中建仓

主力一般选择大盘下跌或者人气低迷、悲观的日子开始建仓。首先利用开盘时下档承接盘稀薄的时机，抛出小量筹码，就可将股价打低。由于大势不好，市场上空头气氛较浓，再加上股价下跌，技术形态难看，一般散户投资者会纷纷抛售筹码。这时主力会在下档分批挂上少量买单，守株待兔，待被卖盘吃掉后再次挂出买单，如此周而复始。

在尾盘的时候，主力会再次利用人气涣散和承接盘稀少来打低股价，连同自己当日买进的筹码一起套进。如此重复几次，使得股价重心逐步下探。由于股价逐步下跌，一些散户投资者会逐渐产生惜售心态，或者摆出一副死猪不怕开水烫的模样，这样势必会影响主力吸筹的效果。这时主力一般会用主动买单分批吃进上档卖单，制造小幅反弹，而后再度步入下跌通道，给上方套牢者或散户投资者施加更大的压力，迫使他们交出筹码。

◇ 打压吸筹

打压吸筹即通常说的"炸单"。此种方法通常适用于大盘或板块人气极度悲观或者个股有利空袭来的时候。在恐慌气氛正浓、下档又无人承接时，主力在下档首先埋下大单，然后以小单向下卖出，促使持有该股的投资者在股价不断下跌的心理压力下，眼看着下档买单一点点被卖单吞噬掉，忍不住卖出去的冲动而付诸行动。可真把股票卖出去后，股价也就见底回升了。其实主力还是把大多数筹码卖给了自己，只是通过对倒压低股价，促使大多数投资者看到股价下跌且带着成交量下滑而纷纷卖出，其实这正中主力下怀！

但这种方法只适用于市场形象差和主力仓位较轻的股票。如果对市场形象较好的个股采用此方法，往往会在炸单的同时被其他主力机构捷足先登，偷鸡不成蚀把米。

◇制造长时间的震荡区间

在长期横盘阶段，制造长时间的上下震荡区间，不断吸筹。该方法多用于绩优大盘股上。有时候由于个股基本面非常优良，股价一有异动，就会引来大批的跟风盘，造成主力没吸到货股价却已经涨上去了的局面。但如果采取向下打压的方法，恐怕手中打压的筹码就会有去无回，被其他散户和机构一一接走。

这时主力就会采用横盘吸货的方法吸筹，于大盘上涨的时候在上档的阻力位处放上虚张声势的大卖单，适时阻止股价的上涨，吓走多头；股价下跌的时候，在下档分批埋上小买单，吸纳筹码，当跌到关键位置时，在支撑位上放上大买单，阻止空头继续杀跌。这样股价在上有盖板、下有托盘的区域内运行，主力可尽情吸筹，也可以利用主动性的买卖单控制股价，走出平台走势。由于平台横盘时间较长，有时连差价也难以打出来，看着其他的股票潮起潮落，频频有差价可赚，绝大多数投资者都会耐不住寂寞，抛出廉价筹码，追求短线收益。

应对主力建仓的策略

首先，初期潜伏仓位控制在三分之一内。由于初期潜入，并不能马上知晓潜伏的品种在后市中表现如何，唯一清楚的就是该品种有市场上主力资金介入的迹象。长期而言，该品种一旦迎来爆发，势必会给早已潜伏的主力资金提供拉升的噱头，该股必然走牛。因此，初期你可以结合形态、技术、主力建仓策略等多方面因素制定初期潜伏的价格与时间策略，此时，把潜伏仓位控制在三分之一内。道理不复杂，初期潜伏，试探性建仓不宜过重。

其次，初期潜伏后，其价格上下波动不可避免，作为冷静的投资者，我们需要做好应对准备。简单来说，潜伏后品种有上涨或下跌两种可能性，对此我们要有清醒的认识。对这两种情况我们该怎样应对呢？我建议，下跌再加仓四分之一，反弹则再加仓三分之一。

再次，初期潜伏后，随着时间的推移，其波动价格要么面临进一步下跌，要么面临一定反弹境地。此时，如果价格进一步下跌，在整个市场没有发生大的系统性风险，以及该品种前期我们追踪的主力资金没有明显出逃的情况下，我们可继续再加仓四分之一；如果价格出现一定反弹，那么，建议再加仓三分之一。道理也不复杂，继续下跌，加仓控制在四分之一，达到摊平价格的目的，同时还有弹药应对后备之需。出现一定反弹，加仓三分之一，仓位明显增大的原因就是："此时出现反弹，说明趋势有可能就此改变，开始回归价值，为何不大胆加重仓位呢？"由于还会出现反复，因此不适宜一下子就加满仓位。

最后，不站上主力运行成本我可以耐心等待，一旦确认站上，可以全仓杀进。采取简单原则，此时不管价格如何波动，只要没有达到主力大致成本上方，就坚决不再加仓，耐心等待。毕竟通过上面的两个阶段，不论哪种情况，仓位至少都能达到总仓位的二分之一，作为潜伏阶段，这种仓位足矣。耐心等待趋势的改变，等待价值的回归，等待价格回到主力大致成本上方，一旦确认站上主力大致成本上方，就可以不管三七二十一，剩余仓位全部杀进，等待主力拉升。有时问题并没有我们想象得那么复杂，只是我们把简单的问题复杂化，凭空给自己增添了许多不必要的麻烦。

上面的几大要点，其核心是仓位控制，却又不是绝对的，这种设计只是要告诉你，对潜伏期的把握也是需要讲究策略的，盲目地一下子就满仓、一下子就空仓，这种操盘手法不是不可以，只是必须在非常有把握的前提下。具有一定技巧性的操作手法，会让你在具体博弈过程中更具主动权，也能更好地控制自己！切记，散户与主力的区别，就在于散户很多时候没有主动权及不能控制自己。

仓位控制和资金管理

仓位控制

对仓位进行控制，首先需要掌握资金（股票）分配比例的分仓策略，通常有等份分配法和金字塔分配法两种。所谓等份分配法就是资金分为若干等份，假设买入一等份的股票，股票在买入后下跌到一定程度，可以再买入与上次相同数量的股票，依此类推，摊低成本。而买入后假如上涨到一定程度，则卖出一部分股票，再涨则再卖出一部分，直到下一次操作机会来临。金字塔分配法也是将资金分为若干份，假如股票在买入后下跌到一定程度，再买入比上次数量多的股票，依此类推；假如上涨，也是先卖出一部分，如继续涨，则卖出更多的股票。

这两种方法共同的特点是越跌越买，越涨越抛。究竟采取哪一种分配方法就要看投资者本人了，假如投资者对后市的判断比较有把握，则应采取等份分配法。股价处于箱体运动中时，也可采取等份分配法来博取差价。假如投资者喜欢抄底或者对后市判断没有十分把握，金字塔分配法则是较好的选择。因为在摊低持股成本和最大化利润率方面，金字塔分配法都比等份分配法更稳健。两种方法都适用于波段操作的投资者（通常追求低位买入），而对于喜欢冒风险的激进型投资者就不适用了。激进型投资者（在拉升过程中进场）由于参与的个股风险较大，因此一般应该设置较严格的止损位，越跌越买的策略可能会导致血本无归。

至于是选定一只股还是多只股，我们总能见到关于鸡蛋是放在一只篮子还是几只篮子里的讨论，而且公说公有理，婆说婆有理。这里还是一句老话：究竟采取哪一种方法要看投资者本人。确实有把握的，就该咬定一只股不放松，如果把握不大，则应买入两三只个股（买得太多对于管理和跟踪都不方便，况且绝大多数投资者的资金量也不是很大），需要注意的是所买的几只股票应尽量避免重复题材或相同板块，因为重复题材或相同板块的股票都具有联动性，一只不涨，另外的也好不到哪里去。

分仓策略大致上就是以上几种。很多新入市的投资者开始会拿一点资金尝试买股票，往往在得到一些甜头后便忘乎所以（实际上大多数新股民都是在好行情时入市的，所以开始都会尝到些甜头），满仓操作后就被套牢，并非不懂而是心态作怪，这就是很多股市高手包括不少老股民分仓操作的比例远大于新股民的原因。那么怎样才能避免因冲动而全仓操作的覆辙呢？在这里，我提供一些方法：事先计划，你在买卖前就必须有控制风险的分仓或止损计划，假如你是股市新兵，你应该先拿一小部分资金操作，有了相当的经验后才可放手去干，切记不要让冲动毁了你的钱包。另外就是建立账户资金曲线并且和大盘走势相比较，复习自己的交易记录，在养成自己的交易习惯后对自己做出准确的评价：自己的预测能力如何，风险控制和承受能力如何，等等，最后选择一个最适合自己的分仓操作计划。

上面说的都是分仓操作与风险控制的话题，但我并不完全否定全仓操作。如果你是较稳健型的投资者，并且具有一定的资金，你就必须学好分仓操作这一课，才能从容面对股市的起起落落，在风险中获取收益。

资金管理

赢利的基础是胜率。也就是说，你的分析系统提示的买卖点从长期来看必须可以产生利润。关于分析系统，那是另外一个体系，这里不作探讨。在具备有效分析系统的基础上，资金管理的作用就是通过合适的仓位调整和资金管理来使分析系统有效地为自己服务。可以说，理解了资金管理的重要性，也就理解了交易的最大秘密之一。

◇ 资金管理的必要性

判断行情并非绝对重要，有效的交易策略本身就可以取胜。一个交易者拥有再好的技术分析手段，如果没有明确的资金管理意识和方法，也是远远不够的。对于初学者而言，严格资金管理的交易策略是重中之重。

参与市场的每一个人都是以逐利为第一目的的，风险交易的本质是以风险换取利益。如何有效地控制风险，真正做到以小搏大？要从建立风险意识、明确风险概念开始。

何谓风险？简单说来，风险就是交易者参与市场交易出现亏损的可能性。所谓控制风险，就是亏损到一定程度及时停止，使用的简单手段叫"止损"。没有止损就等于没有风险控制的手段，对止损的概念不明确是导致普通投资者投资失败的根本原因。学会"止损"是所有风险交易获取成功的第一课。

"高手"都是这么说的，可到底有几位真正理解其含义呢？很多著名的大师对于控制风险的概念也是模糊不清的。比如说，很多人以开仓量作为评价风险大小的标准，经常会听到"不要做满仓，要开半仓，某某大师每次都是开三分之一仓"等说法。其实以开仓量大小判断风险大小是不全面的，或者不客气地说，根本就是错误的！

为了明确这个误区，我们引入一个全新的概念"风险额度"。根据期货交易的保证金制度，可以人为地把资本分成两部分：一部分是保证金，原则上这部分是不应该出现亏损的；另一部分是风险准备金，投资者利用它的全部或部分抗拒风险以期望获取利润。每次按计划拿出一个固定抗拒风险的资金数额或百分比，称为"风险额度"。假设风险额度是固定的，你的止损范围不同，开仓量一定不同，在保证金足够的前提下，根本不受半仓、三分之一仓等开仓量的限制。

这里给大家介绍一种基本的系统操作逻辑。首先，你不用考虑市场方向，采取随机的方式选择做多、做空，如猜硬币，从概率上讲得到的结果是对、错各半。其次，设风险准备金的M％为风险额度（M的设定要参考连续出现单方向机会的可能性），限定止损范围，即限定了开仓量（注意在实际操作中止损范围要大于手续费N倍，以弱化它的影响）。最后，设定三倍大于止损位的止赢位，采取简单再投资的操作方式。简单地利用交易策略的方式就可以战胜市场，可见严格资金管理的交易策略对于期货交易者的重要性。

虽然文字不多，但我表达的内容对初学者而言，应该需要较长一段时间的实践体会才能真正理解。

同样，期望在风险交易市场上长期、稳定获利的投资者，绝不可以选择感性交易之路，要建立完整严谨的、符合逻辑的交易体系，重在"稳定"！心存赌博心态的非理性交易，可能在短期内有暴富的机会，但从长远看一定会以全军覆没而告终。稳定的交易系统所获取的利润并不是系统创造的，而是市场赋予的。当你从原理上认识它，理解它，你才能真正地信任它，使用它。

◇资金管理也是交易技术

资金管理和其他的技术分析理论一样，被不负责任地解说了很久了。严格地说，资金管理是指一切用于投资或者投机交易的现金和头寸的分配及组合的行为总和。其根本目的在于通过对资金头寸及现金的管理，最大化消解在交易失败的情况下出现的风险。

在投机、投资交易中，交易失败是经常的，虽然很多时候不是致命的，但是致命的交易随时有可能发生。为了避免致命错误的发生，资金管理为我们提供了有力的保障。而在 A 股市场中，由于保证金是全额的，对资金管理水平的要求就没有那么严格了，一句话，在 A 股市场中出现灭顶之灾的情况很少。

◇交易中的资金管理

投资组合

不同活跃度股票的组合、不同板块的组合，或者不同市盈率股票的组合，是市场中常见的组合方式，它的好处在于一旦某类股票出现巨大的跌幅，可以平摊亏损，同时可以有效地回避银广夏事件这类对资金打击的事件。但是它的弊端是在盈利的时候利润也会被平摊。

止损指令的设置

如何使用止损指令是资金管理的一项重要课程，也是 A 股市场交易中最有实战意义的交易对策之一。通常的做法是，全仓买入的时候止损设定得比较紧凑，而清仓介入的时候止损设定得比较宽松。

操
盘
手
记

大自然之行

太久没出去呼吸新鲜空气了，此次应朋友之邀，带着家人来到华南植物园，尽情地呼吸新鲜空气。出来后，我都有点儿脱胎换骨的感觉。不知道是呼吸到了好空气的作用，还是久没运动，在植物园里闲逛让身体发生了变化。不管是什么原因，感觉挺好。

我深知自己现在迫切需要运动，偶尔有这样的机会，感觉不错。不知道为什么，我一旦进入大自然，就可以暂时抛开很多东西，并进入另一种忘我的境界。

我喜欢大自然，也喜欢与家人、朋友同乐，漫步在大自然中，这是别样的惬意生活。人，就是如此，很多时候，需要懂得自我的提升、感悟与陶醉。

资本市场里的我，需要在休息的时候，跳出那个世界，好好享受另一片天空。

一回到家，很多想法就会油然而生，我会想到更多。

想这想那，这是我最喜欢做的事情，只是，这需要外界的刺激，例如此次大自然之行，令我感触很多，对生活、对工作或对未来都有启迪。

一时半会儿还真难以言尽，我只知道，通过这次大自然之行，内在的能量似乎得到了提升。

我很想达到一个新的高度，大自然之行后，我感觉那应是触手可及的事情。

为了家人，为了朋友，为了自己，我需要更多的灵感与行动。

一切都是这样的美好，我爱这个世界。

动力源

每个人完成一件事都会有各种各样的原因,这原因就是"动力源"。此"动力源"并非股票市场中的"动力源"品种,而是纯粹的动力源泉。在特定的环境下，为了他人甚至是为了祖国，人可以不顾一切地奉献自己的生命，就如过去研发原子弹，那些科学家为了祖国无私地奉献自己的生命，是值得敬佩的。

当事件本身的利益高于个人价值甚至上升到国家价值的时候，此时，动力源泉就是国家，就是他人，个人价值可以暂时放下，这是人的价值观的基本原则。

在物欲横流的现代社会，金钱似乎主导了一切，很多人的价值观往往都以金钱来衡量，最后他们的动力源泉都变成金钱，都变成自己。这或许是社会进步必然伴随的附加产品，有点无奈，却必须面对。

当一切都围绕着"金钱"转的时候，人是很俗的，很多人性的弱点都会显露无遗。此时，人要学会寻找一片非"金钱"的天空，找到为他人付出的"动力源"，才不会感觉太过庸俗。

虽然每个人都不能免俗，但可以在俗的世界中寻求一种更高更有生命力的价值观，不仅仅是为个人，也是为他人，那样的"动力源"才是无穷的，才能最大限度地把个人的潜力发挥到极致。

纯粹为了自己，这是较为自私的"动力源"，毕竟人不能总为自己活着。

纯粹为了他人，这是较为无私的"动力源"，但人也不能仅仅为他人而活。

所以，如果想要很好地做一件事，就要找到一个平衡点，"动力源"很重要。就如我写书一样，为自己，更为他人，如果纯粹只是为自己，我就绝对不会非常用心，而且无悔地把自己那些在一般情况下秘而不宣的东西都展现出来了。

人不能纯粹为自己活着，在资本市场中很多人都需要真正有价值的书籍。一想到我的书可能给很多人带来巨大帮助，一想到可能很多人会好好研究我的书，一想到可能很多人以后会少走弯路，我的内心就充满了"动力源"。

要有大格局的视野

心态的重要性

在实战操作中，也许你拥有精湛的技术、丰富的经验，但操作起来仍会感觉吃力，还达不到预期效果；有些人虽没有高超的技术、渊博的知识，但拥有良好的心态，很多时候能够收获意外之喜。现实生活中，我们身边不乏这样的例子，很多人沉迷于股市，有关技术方面的书籍不知看了多少，但成效并不明显，最终惨淡收场。在此我们不是说技术不重要，术业有专攻，专业知识固然很重要，是取得成功的必要条件，但不是决定性条件。我们不能忽视心态的重要性。在华尔街流传着一句名言，市场由两种力量推动：贪婪与恐惧。这种说法不完全正确，但至少说明了贪婪和恐惧等心理因素对市场的影响。股市如战场，众所周知，心理因素是实施军事谋略的基础条件之一，孙武在其流传千古的军事名著《孙子兵法》中也多次提到心理因素的重要性。股市中的博弈如同战场上的对决，本质上都是以人为主体的有意识的人类活动，股市征战，心理因素的重要性也就不言而喻了。

《孙子兵法·九变篇》有云，"故将有五危：必死，可杀也；必生，可虏也；忿速，可侮也；廉洁，可辱也；爱民，可烦也。凡此五者，将之过也，用兵之灾也。覆军杀将，必以五危，不可不察也"。

意思是说：将帅有五种性格上的弱点，只知拼命死战的，会被杀死；贪生怕死的，会被俘虏；性情急躁的，会因为经不起刺激，而失去理智；爱好廉洁的名声，不能忍受羞辱；爱护民众，并且竭尽全力保护民众的，会导致过多的烦劳。所以这五种弱点，是将领的过失，也是用兵的灾难。军队覆没，将领牺牲，必定是由这五种危险引起的。

五种性格弱点在股市投资者身上的体现

上述将帅五种性格上的弱点在股市投资者身上也得到了淋漓尽致的体现。

盲目投资

第一种性格上的弱点为只知拼命死战。这类投资者很大程度上会采取一种盲目的投资行为。在市场中绝大部分投资者几乎都存在这样的心理，这样的投资者每天沉浸在市场的波动当中，市场的每一丝波动都牵动其心弦，跟随市场忙碌了一整天，就为了能够获取几个点的利润，但很多时候结果并不如愿，更多的是背道而驰，一整天下来不但感觉精神疲惫，还不敢面对资金账户里资产的缩水，备受精神和物质的双重打击。

市场上之所以会出现如此多的盲目投资行为，很大程度上在于投资者没有很好地认清市场的本质，股票市场无时无刻不处于波动之中，涨跌现象是其自然属性，没有只涨不跌的市场，也没有只跌不涨的市场。不论日线、周线、月线、年线，还是日分时图，都处于涨跌的上下波动过程中，何必在乎一时的波动呢？很多人喜欢跟随市场而动，就是因为深陷市场的波动中，见到涨了就兴奋，不由自主地买进，见到跌了就害怕，久而久之就陷入了追涨杀跌的行列。

胆小输不起

第二种性格上的弱点就是胆小输不起。相信绝大部分投资者在刚入市之时都抱有在股票市场上大赚一笔的心理，认为资本市场是一个赚钱快的好地方，男女老少前仆后继地来到这个市场，初衷是美好的，但现实是残酷的。绝大部分投资者都为自己的懵懂和无知交了不少学费，很有可能至今仍处于交学费的阶段。如果带着输不起或不想输的心理来到市场，最终的结局就是输得更惨。首先，抱有这种心理的人一般要比别人承受更多的压力和恐惧，却不具备比别人更强的承压能力，其结果可想而知；其次，在高压和恐惧状态下一般很难做出正确的决策，就算你具有丰富的经验也可能陷入无法正常发挥的地步，从而造成失误，导致投资失败，一旦投资失败，胆小输不起的心态将会愈演愈烈，最终形成恶性循环，输得一败涂地。

性情急躁

第三种性格上的弱点为性情急躁。性格急躁型的投资者比其他型投资者更难以在市场上生存，在股票市场上拼杀，从某种意义上来说就是一种苦行僧的生活方式，不经过长途跋涉、凤凰涅槃式的沉淀，很难有爆发的那一天。

对于性格急躁型的投资者来说，面对磨人的行情难免会出现浮躁的心理，股票市场上，很多时候就是买进去不涨，不涨就换，换了就开始大涨，等你再考虑追进去的时候，这波行情到头了，相信入市的投资者对此都深有体会。曾经我也因一时冲动而遭受重创：有一次在权证市场短线操作过程中，前一天进驻后，在接下来的一天中，早盘开盘后便跟随大盘出现了急速下挫的走势，当天开盘看到形势不妙，一开盘我就决定离场，马上发出卖出指令，但由于股价下降过快，第一次输入的指令无法成交，接下来我立即撤销卖出指令，重新发出新的卖出指令。第二次我选择比现价打低几分钱的价格发出卖出指令，但由于下挫过于急促，第二次发出的卖出指令仍然无法成交。我火冒三丈，心里焦躁起来，此时的我更多的是跟卖出指令较劲，心里一直很不服气，我就不信卖不出去，急躁与不服气的情绪占据了脑海，把平时的操作纪律和操作技巧忘得一干二净。跟自己较劲的我不相信卖不出去，于是撤销第二次操作指令，发出第三次卖出指令，由于前期时间的延误，此时的跌幅相对第一次指令发出时的跌幅已拉大了很多，同时在急切不服气的心理下，为满足我这次誓死要成功卖出的心理，在现价的基础上，我大幅降低卖出指令价格，发出卖出指令，最终成交了。跟自己较劲，赌气不信卖不出去的心理虽然在此时得到了满足，但此时的成交价格相比第一次发出的卖出指令已低了不少，同时我的账面资产瞬间出现了不小的亏损。

　　如图 3-1 所示，一般来说，开盘行情一开始就一路走低的话，在做空动能有所释放后，都会有一波回抽上攻的走势。如果我在第二次发出卖出江铜 CWBI（自 2010 年 9 月 22 日起，"江铜 CMB1 认股权证"终止上市）指令交易失败后，能心平气和，泰然处之，不跟卖不出去的情况较劲，选择在回抽上攻的过程中卖出的话，当日的亏损将会得到很大的控制，这就是心浮气躁付出的代价。

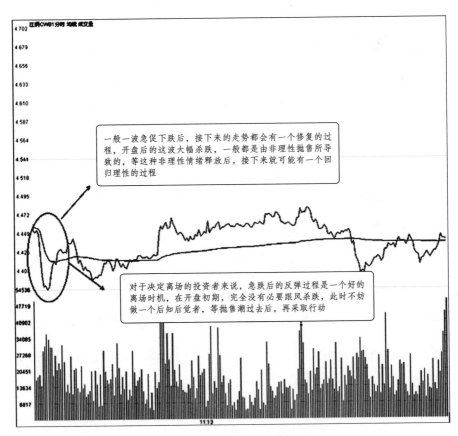

一般一波急促下跌后，接下来的走势都会有一个修复的过程，开盘后的这波大幅杀跌，一般都是由非理性抛售所导致的，等这种非理性情绪释放后，接下来就可能有一个回归理性的过程

对于决定离场的投资者来说，急跌后的反弹过程是一个好的离场时机，在开盘初期，完全没有必要跟风杀跌，此时不妨做一个后知后觉者，等抛售潮过去后，再采取行动

图 3-1　江铜 CWB1 认购权证分时图

缺乏耐心

第四种性格上的弱点为缺乏耐心。缺乏耐心是众多投资者共有的毛病，尤其是在我国市场还没有完全成熟的环境下，投机氛围十分浓厚，真正遵循价值投资者少之又少。从投资者平均持仓周期来看，我国投资者相比国际成熟资本市场还存在一定的差距，国际成熟资本市场的平均周期一般为一年左右，而我国投资者的平均持仓周期则只有3个月左右，更甚者，很多投资者拿一两天都觉得是煎熬，投机氛围之浓厚可见一斑。对于缺乏耐心的投资者来说，其最大的特征就是死在黎明前最黑暗的那一刻，在股价沉寂的时候坚守几天，在股价快要爆发前一刻却毅然离场，市场上这样的例子举不胜举。还有一个致命之处就在于无法真正抓住一波大的行情，实现利润的最大化，一般在行情启动的初期获取蝇头小利后就急忙抛出，这种人的痛苦之处在于要么无法享受拉升时资产增值的快乐，要么快乐稍纵即逝。

求全责备

第五种性格上的弱点为求全责备，市场上不乏追求完美的投资者，其对自身和其他事物一般都有严格的要求，但金无足赤，人无完人，很多时候由于个人精力、时空条件的限制，很难做到完美收场。其实，股票市场上求全的心理很大程度上是贪婪的表现，总想把握市场上所有的机会。市场上不乏这样的例子，有人看着别的股票风驰电掣，直线飙升，而自己的股票却步履蹒跚，蜗牛式地爬行，从而毫不犹豫地弃旧从新。短期来看相比原来的个股确实获取了更多的利润，但一段时间以后，可能会发现曾经被自己抛弃的个股原来是一只大牛股，价格已翻了好几倍了，而此时自己的资产相比前期却没有太多的增值，于是发出感慨：要是持股不动就好了。很多时候为了追求眼前的利益而改弦更张，虽然获得了不菲的收益，到头来却发现自己丢了西瓜，捡了芝麻。

操
盘
手
记

让烦躁随风而去

在资本市场里，每个人都有心情烦躁的时候，尤其是在市场动荡、自己短线把握偏差较大的时候，更是如此。

烦躁是需要调节的，不调节很可能就会形成恶性循环，这点我深有体会，烦躁到一定阶段，是会让人失去理性的。为何有人会成为市场的傻子？有时候，就是心情烦躁造成的。

每每烦躁的时候，我喜欢听听柔和的音乐，或者出去走走，又或者去看场电影，当然，把心情变成文字发泄出来，也是一种方式。

总的来说，效果是有的，至少可以控制自己不成为非理性分子，这点我还是比较清醒的。毕竟我作为私募基金经理，作为操盘手，背负的责任还是比较重的，要想有所成就，就必须顶住压力，控制好自己的情绪。

面对压力，面对烦躁，一笑了之，在很多时候，这是必需的，哪怕你不想笑，也要把你的肌肉变成笑的状态，让自己接受这笑，这样会好受很多。

有时候，烦躁的起因倒不是交易没做出差价，而是差价做得不够理想，本可以更好而没有做到，令人非常惋惜。就如本可以赚8个点的差价，却因操作不当只赚到2个点的差价，我们为那失去的6个点惋惜，一路想下去，烦躁就来了。

有时候，只好自己安慰自己：毕竟还是赚的，没亏；比起亏的来说，已经好很多；未来的机会还有很多，无所谓的。类似这样安慰自己，既然结果已经不能改变，只能改变自己的预期，改变自己的看法，改变自己的情绪。如果一直想着过去，那么怎么把握未来呢？

人嘛，总是有起有落，交易也总是有满意的和不满意的。人无完人，交易也不能时时完美。放下过去，才能更好地面对未来，总结过去的经验，才能更好地把握未来。

希望你与我一样，能够在未来更好地把握资本市场的机会。共勉之，烦躁就让它随风而去吧。

不如放弃

当市场进入疯狂状态，赚钱效应已经疯狂蔓延开去，场外资金也好，场内资金也罢，都进入近乎疯癫失控的状况，这是极其危险的信号。

只是，很多人此时根本不会冷静下来，他们眼中只看到机会，生怕错失机会，生怕错失更大的机会，此时空仓出局等于要他们的命，无论如何也要继续博弈一下。

如果你在这个时候放弃机会，成为市场的局外人，那么，你会显得非常另类，也不会受欢迎，你将成为一个寂寞者。

记住，寂寞是好事！尤其是在资本博弈过程中，当市场疯狂，人们都蜂拥而进，大谈目前机会太多，价格太低，未来至少还有一波行情等话题的时候，你要想到：

天下真有那么容易的事情吗？现在冲进去，机会真的会乖乖让你把握住吗？那些描绘得异常美丽的果实你就真的能吃到吗？

在市场情绪高涨人们逐渐疯狂的过程中，你注意到了那些巨量的成交吗？有人买当然就有人卖，巨量成交背后，你是否思考过卖的一方到底是谁？

具体到市场波动、个股波动过程中，你是否注意到了那些频繁的跳空缺口呢？太多的跳空缺口未必是好事。除非是重要的突破缺口，否则很多缺口往往都会在短期回补，难道连基本的缺口理论也忘记了吗？

还有，你真的以为那些上市公司未来的经营状况能支撑目前的股价吗？太高的市盈率真的一点问题都没有吗？你真的认为很多东西都跟那些疯狂看多的分析报告所描述的一样吗？难道你忘了同样一个机构对同一品种的分析报告，随着环境变化差异会异常巨大吗？你真的把这些分析报告太当一回事了。

行情累计涨幅那么大，你真的以为还有很多疯狂的机构踊跃进场吸纳筹码吗？你真的以为没有机构在此时暗暗疯狂逃离吗？难道那些获利丰厚的机构会跟你一直等到行情跌的时候才跑吗？那时候他们的资金能跑得动吗？船大难道可以很快调头吗？

回到自身，难道放弃此次机会就真的会"死"吗？

行情总是周而复始的。当那么多人疯狂的时候，当市场看上去很美的时候，太多需要思考的问题，你思考了吗？好好思考后，你会发现，不如放弃！放弃后的天空依然蔚蓝。

市场永远是对的

尊重市场的运行规律，把握市场运行脉络

顺势而为，趋势为王。市场有其自身的运行规律。投资者作为资本市场中的一分子，在市场中进行博弈时，遵循市场的运行规律是非常有必要的。就像我们在对自然界进行开发时，如不遵循自然规律随意开发，虽然可以获得一些短暂的利益，最终却会得不偿失。我们在对资本市场进行投资之时，也应当学会遵循、尊重其本身的运行规律，在尊重资本市场的运行规律下进行投资，不敢说会有多大的盈利，但至少可以使我们在市场上活得更久，甚至在充满博弈的市场上长久地生存下来。

俗话说："工欲善其事，必先利其器。"在资本市场进行博弈，首先要找到市场的运行规律，进而运用市场规律顺势而为，这是投资者立足于股市并且获取投资回报的关键。何谓市场？市场建立在买卖双

方的交集上。投资者进行博弈的资本市场也不例外，其实从 K 线图可以看出，任凭股市千变万化，但万变不离其宗，市场的根基归根结底在买方和卖方的矛盾上，而股市的规律也就蕴藏在阴阳 K 线之中。事物有本末，透过现象看本质，股市中的买卖双方、阴阳 K 线都只是股市表面现象。股市之所以存在，其根本在于买卖双方达成的"成交价"。这一规律和《周易》中的"一阴一阳之谓道"的思想相符合。

如何把握对市场的感觉？对市场的敏感度很重要，越是能够从细微之处发现问题，感受到市场的脉络，敏感度就会越高。

提升自己的敏感度，从市场本身的结构入手是对的，因此，影响市场走势的主要品种——权重品种，无疑是你应该关注的重点；至于非权重品种，则能从另一个角度让你感受市场资金的流向。不管如何，只要你能够看透市场资金的流动方向，那么你对市场的把握就已成功了一大半。

在这里，把握好对市场的感觉，我进一步要谈的是，这可不仅仅是指对整个市场的第一感觉，更重要的是要发觉在同一板块中不同品种之间的联动效应。也就是说，要从整个市场的角度入手来感受市场，再从具体板块入手，寻找更为微妙的感觉，从细微之中感受宏观。

就拿钢铁板块来说，这是我一直研究的重点，如宝钢股份，它是钢铁中的龙头品种，它的一举一动可以直接影响到整个板块的动向，因此，每当其有较大波动的时候，往往也会给整个板块带来直接影响，机会就在其中。至于首钢股份或马钢股份等，虽然不如宝钢股份的地位重要，但在具体实战中，我们要学会从其余任何一个单一品种的异常剧烈的波动中，感受到整个板块的微妙变化。很多时候，往往由板块中一到两只非龙头品种率先启动爆发行情，最终传递到整个板块。

说了不少理论，那么，在具体实战中，到底该如何去寻找感觉呢？

先看大盘的波动状况

大盘的波动状况是把握战机的前提，或者说是进一步感知板块异常的先决条件。道理也很简单，那就是大盘的波动代表当天的大趋势，看具体板块机会就要先看大趋势，大趋势影响并决定着小趋势的动向。具体就是大盘涨的时候，看该板块是否也跟着涨；而大盘跌的时候，看该板块是否也跟着跌。如果出现同涨齐跌这些跟随动作，我们不需要太在意，这是正常情况，"跟市场走"是最正常不过的了。

在这里，我们需要观察的并非这种正常情况，而是那些异常情况，就是大盘在涨，而该板块反而在跌，或者大盘在跌，而该板块反而在涨，也就是板块与大盘之间的节奏完全相反。这种跟市场反向而行的状况，就是我们需要重点感知的。当然，研究反向动作之前，我们需要做的依然是看清楚大盘的方向，看到底是涨还是跌，因为这将极大地影响我们接下来对板块异常进行分析的结果。至于大盘波动的影响因素，重点研究的是那些权重品种，看看它们目前所处的大趋势，它们的状态往往决定了未来市场的进一步走向，这点，请务必记住。

深入感知"反向而行"的"背后"

跟市场反向而行的状况一旦出现，也就具备了进一步深入研究该板块异常原因的基础了。在这里，有两种不同的情况需要具体问题具体分析。当市场上涨的时候，说明市场整体的买方力量是比较充沛的，而所选板块既然不涨反跌，有一点可以肯定的是，在里面运作的资金正在进行反其道而行的策略，其目的是洗盘或者是派发筹码，这需要进一步研究该板块所处的基本面与技术面等才能获知。

相反，当市场下跌的时候，说明市场整体的卖方力量是比较充沛的，而所选板块既然不跌反涨，同样有一点可以肯定的是，在里面运作的资金也在进行反其道而行的策略，其目的是吸纳筹码或做假动作，这同样需要进一步研究该板块所处的基本面与技术面等才能获知。

因此，我们从这两种不同情况所引出来的共性可以得知，深入感知"反向而行"的"背后"，就是要对该板块当时所处的具体基本面与技术面来一次剖析。

剖析异常板块所处的基本面与技术面

说真的，这是个比较大的层面，并非一两千字就可以阐述完的。在这里，我仅仅提供一种具体在实战中找感觉的思路。

这个层面需要较为深厚的基本功方能下比较正确的结论，因为这个环节很重要，甚至是决定性的，往往操盘手的功夫在这里可以分出高下。简单来说，基本面不妨从该板块的一些行业具体政策信息及本身上市公司信息下手，尤其是通过龙头上市公司的未来发展动态中感知一些有价值的信息。道理也不复杂，一个板块就代表了一个行业，而该行业龙头品种的现在与未来基本面往往也能反映出整个行业的未来。打蛇要打七寸，分析基本面也要抓住最有价值的。至于技术面，范围很广，我的体会是，第一需要重点把握好形态分析，第二要明白缺口理论和时间周期理论等的结合，第三至少让自己看着图形就知道大趋势，同时也能明白短期趋势。技术与基本面充分结合是非常重要的，它们之间可以相互验证，相互弥补，相得益彰。看透了异常板块，接下来开始深入的时候，我们才能做到心中有数。明白了这些道理，我们才可以进入下一个环节。

紧紧盯住龙头品种的盘面状况

擒贼先擒王，做股票也是如此，我们把握住了龙头品种的状况，也就等于对整体把握住了大概。而且这个市场龙头的影响力，正如战场上的将军，其本身的状况，是否"勇"与"智"，将在很大程度上影响全军，从而影响整个战局。

那么，紧紧盯住龙头品种的盘面状况，最终目的是什么呢？是让自己的资金能够暗度陈仓。比如，在钢铁板块中，宝钢股份就是龙头品种，其一举一动势必会影响到整个板块的动向，对于整个钢铁板块的其他品种会起到风向标的作用。假如其突然大涨，而且涨幅超过5%，甚至超过7%，逼近涨停的话，那么，这就给予了我们积极捕捉该板块战机的一个非常好的信号。

接下来，要做的就是迅速浏览该板块其他品种，找出比较有潜力的品种，然后跟进，就是我刚才所指的暗度陈仓行动。在这里，宝钢股份其实就是成了一种先行指标，虽然跟进其他品种有点后知后觉，但如果没有宝钢的异常崛起，我们怎能去谈进一步的战机问题呢？就整体而言，这是一种非常巧妙的战术。

可能有人问，为何不跟进龙头宝钢股份呢？毕竟强者恒强！没错，那也是一种策略，只不过那是比较冒进的策略，尤其是在市场还没确定的时候，除非你把握非常大，那完全可以大胆跟进，否则，作为一个相对稳健的投资者，暗度陈仓是个不错的选择。

采取跟进策略时把握好先后顺序

采取暗度陈仓的策略也是有技巧的，毕竟宝钢下面也是分阶梯的，它们的爆发顺序往往也不是完全统一的。道理也很简单，那就是当市场发现龙头宝钢启动了，接下来肯定想到的就是比宝钢等级次一点的钢铁股，最后才想到钢铁股里面的"兵"，人往往是这样想的，资金往往也是这样从高往低流动的。

回到主题，既然宝钢股份是龙头品种，那么，一旦龙头启动，紧跟其有所动作的会是什么呢？将军下面是什么人？副将。副将下面又是什么人？没错，就按照这样的等级次序去把握。如果把宝钢股份视为航空母舰，那么，其下面的战舰群，从大到小可以依次抓，可以依照流通盘大小顺序或者业绩大小的顺序来逐级抓。这里的传导机制往往遵循"从高到低"的规律，别一下子就去抓小兵小将，那些都是留到这一板块热到最后的时候才去抓的。毕竟一个板块从启动到热再到狂热有个循序渐进的过程，我们就按照这过程，循序渐进地去感觉这一板块的脉络。在具体的操作策略上，我们要按照"循序捕捉"的策略依次选择，当然，顺序排列的具体资料，在战斗前就要准备好。

"兵马"未动，"粮草"先行

对战机的感觉可以从大到小，就如上面谈到的从大盘、板块、龙头品种、其他非龙头品种等这样的顺序。把握好顺序的同时，我们也要懂得"逆序"。特别是对于板块的感知，有时候在具体板块爆发前，往往会冒出该板块阶段性非常疯狂的非主流品种，也就是说非龙头品种往往会率先走了出来。比如在钢铁板块中，最先爆发行情的可能不是龙头宝钢股份，而是其他品种如马钢股份等，这样的状况也需要我们好好去感受。简单说来，如果市场炒作是从"兵"开始的话，那么选择次序也就相反了，大部分人的思路就是如此，太跳跃的思路一般不会出现。

在这个时候，我们从个股出发，结合市场的整体状况（涨或跌），以及所属板块的现状，再做综合分析，由小到大的分析脉络也就较为清晰了，对于战机也就心里有数了。在上面的例子里，马钢股份就充当了"粮草"的角色，宝钢股份则成了后面的"兵马"。

灵活机动，相信第一感觉

从"从大到小"及"从小到大"地感觉脉络，我们应很清楚，在这个市场中，要很好地感知一些东西，很重要的一点就是要懂得变通，也就是要灵活。毕竟这个市场没有绝对，是高度艺术化的市场，你去问一百个人，或许就有一百种不一样的答案，但有一些成功的实战感悟是很值得去学习的。市场就是如此，没有绝对，只有相对，我们要学会灵活应变，举一反三。

如果你对这个市场已经具备了相当的底蕴，比如对基本面的分析已经形成了一套自己的模式，又或者对于技术面的分析也有一套自己熟悉的方法，那么，请珍惜你在资本市场的第一感觉。比如当你看到一些图形的时候，你的第一感觉告诉你什么，往往就有可能是真的，这是我的真实体验，仁者见仁，智者见智吧！我不敢说有多厉害，但这至少是我过去成功把握市场过程中的一些真实感悟，价值是有的。读者能从中获取多少，就因人而异了，希望这些感悟可以给大部分读者带来有用的启迪。

实战分析

◇大盘破 3000 点后的走势

2008 年 4 月 22 日是大盘破 3000 点的日子，其后阶段性走势如图 3-2 所示，我们可以非常清晰地看到大盘在跌破 3000 点后短短数个交易日就走出了令人瞩目的反弹行情，6 个交易日左右反弹空间超过 20%。如图 3-3 所示，上证指数在 2018 年 2 月的情况与此类似。

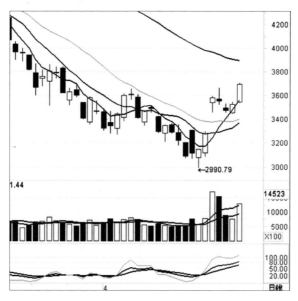

图 3-2　上证指数 2008 年 4 月破 3000 点走势图

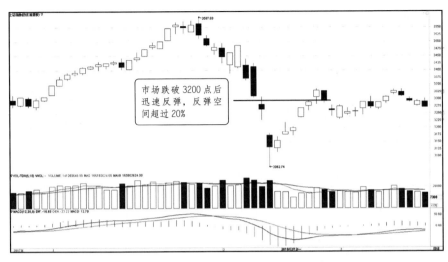

市场跌破3200点后迅速反弹，反弹空间超过20%

图3-3　上证指数2018年2月破3200点走势图

在具体实战中，4月22日盘中破3000点，无疑就是非常不错的短期战机显现的时候，上面我已经谈到，在具体把握板块之前，首先要把握好市场的脉络，也就是要对市场保持高度的敏感。

为何在3000点一线我们要对市场保持高度敏感，而且要在破3000点之时勇于把握下阶段性机会呢？道理其实不复杂，一是6000多点到3000点附近跌幅超过一半，半年左右如此暴跌，技术上已经是严重超跌，有反弹的强烈需求；二是3000点作为一个比较重要的心理关口，无论从哪个角度来说，都有点不容再失的味道，尤其是在持续暴跌的过程中，对空方而言，越是疯狂往往就越是强弩之末的体现；三是要坚定相信政府，我们的市场还不够成熟与完善，如此暴跌，已经开始严重影响到民生，政府不可能坐视不理。

之后市场在政府一系列的组合拳——大小非解禁的配套措施、印花税的降低、改革新股发行制度等影响下，找到了一个大反弹的契机。

◇ 宝钢股份在大盘破 3000 点后的走势

宝钢股份在大盘破 3000 点后的表现如图 3-4 所示。破 3000 点时，既然我们可以判断出大盘短期有机会出现比较令人惊喜的反弹，那么这时候就具备了进一步研究的基础。没错，也就是把握具体板块与个股的时候到了。山东钢铁在上证指数即将破 3000 点后的走势与此类似，如图 3-5 所示。

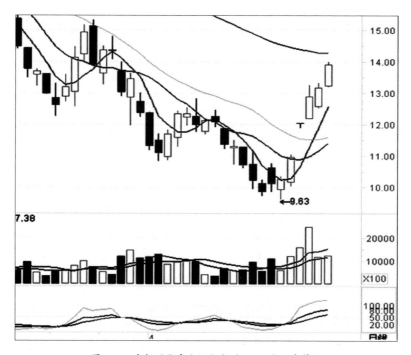

图 3-4　宝钢股份在上证指数破 3000 点后走势图

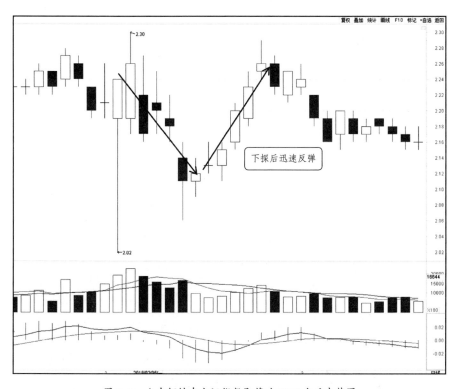

图 3-5 山东钢铁在上证指数即将破 3000 点后走势图

钢铁板块在当时具备两个重要特点，市盈率低与未来收购兼并整合题材将成为主旋律。市盈率低在市场出现转折时具有极强的吸引力，作为场外资金，在市场还没完全走出大的上涨行情前，更多地会考虑个股价值，也就是考虑风险问题，市盈率够低至少能够起到一定的抗风险作用。收购兼并整合这一题材建立在低市盈率基础上，无疑会让该板块增添不少可想象空间，一旦行情启动，对场外行情也能够起到非常大的吸引力。另外，整个钢铁板块从最高价位到当时这个区域，也是调整过半，技术上也存在非常大的反弹需求。

综合上面两个特点，只要市场有稳定的反弹行情出现，这一板块能够走出一波引领市场的行情的概率是非常大的。

擒贼先擒王，宝钢股份无疑是钢铁板块中的龙头品种，因此也就具备了非常重要的实战价值。如图 3-4 所示，破 3000 点那天，宝钢创出了 9.63 元的阶段性低点，之后 6 个交易日（其中 1 个交易日停牌，因此，图 3-4 中实际交易的状况看上去是 5 个交易日），最高已经上探到 14 元附近，超过破 3000 点那天最低位置 40%，要知道，同样的时间，大盘反弹的空间是刚超过 20%，对比一下，超越大盘空间的走势已经了然于心了。

在 2016 年开年以大阴线破位之后，大盘进入了股灾 3.0 模式，几乎所有的题材概念都全军覆没，当时的虚拟现实、新能源汽车等概念都成了领跌板块，而一直以来备受冷落的煤炭钢铁板块却成了资金的避风港，被竞相追捧。2016 年 1 月 5 日到 1 月 8 日，指数经历了全天交易仅 13 分钟的二次熔断，个股惨烈暴跌，唯独煤炭钢铁板块不跌反涨（其中煤炭板块涨幅达 14%，兰花科创更是高涨近 40%），如图 3-6 所示。图 3-7 中，方大集团的情况与此类似。

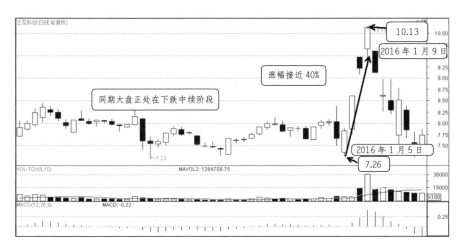

图 3-6　兰花科创 2015 年 11 月 5 日至 2016 年 1 月 19 日日线图

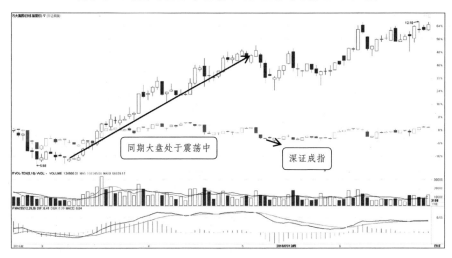

图 3-7　方大集团 2016 年 2 月至 2016 年 6 月日线图

【课后思考】

（1）头肩底和 V 形底有什么不同？

（2）能否结合实战经验谈谈当个股与大盘走势相背时自己的操作策略？

（3）成交量在颈线位突破时会起到什么样的作用？

虽然当时配合了政策上去产能的刺激，但如果仅仅是这样的政策刺激，还不足以使得该板块如此强势地逆势上涨，更多的是热钱在板块之间的流动——由平时的中小创题材股板块流转到这些长期波动极小、估值较低的蓝筹板块，这些低市盈率的个股成为股灾中的避风港。

市场没有神仙，知错能改，学会止损

在资本市场博弈的投资者对索罗斯一直提倡的"鳄鱼原则"应该不会陌生。该原则来自鳄鱼的吞噬方式：被咬的猎物越挣扎，鳄鱼的收获就越多。假如鳄鱼咬住你的脚，它等待你的挣扎，如果你用手帮忙你的脚挣脱，则它的嘴巴会同时咬住你的脚与手臂，你越挣扎，便咬得越多。所以，万一鳄鱼咬住你的脚，你唯一生存的机会就是牺牲一只脚。当你在市场中被套牢，唯一的方法就是马上止损，无论你亏了多少，你越是加码将被套得越多。

作为投资者，选择好的标的固然重要，但是找个好的买入时机对于我们来说也是必不可少的，也符合利益最大化的原则。众所周知，没有只涨不跌的市场，再好的品种也不可能一路涨上去，一旦我们判断失误，就要学会认输出局。所谓留得青山在，不怕没柴烧，学会保住自己的本钱也是一门艺术。我们都知道，在这个市场没有真正的"神仙"，想要做到永远赢下去是不太现实的，每个人都有犯错误的时候，那么一旦发生失误，我们要做的是什么？既然错误不可避免地产生了，理智的投资者就要将错误的影响减少到最小范围，这就必然要求我们学会止损。

大家都有止损意识，也认识到止损是非常有必要的，但是如何使自己的损失减少到最小程度，而不是"割肉割在地板上"，让廉价的筹码白白丢失？要做到这点，就要灵活运用止损的艺术，在我们的实践操作中不断完善，最终形成一套适合自己的止损系统。作为普通投资者的我们，该怎样掌握止损的艺术呢？

在我看来，止损技巧因人而异，不同风格的投资者，止损方法也不同。根据我多年来的实战操作经验，止损技巧总的来说可以大致分为以下几大类。

设置止损价位

在通常情况下止损位的设置要依据一定参照物作为标准，其参照物的设置常见的有以下几点。

◇根据亏损程度设置

根据亏损程度设置，如当现价低于买入价5%或10%时止损，通常投机型短线买入的止损位设置在下跌2%—3%，而投资型长线买入的止损位设置的下跌比例相对较大。

◇根据与近日最高价相比设置

根据与近日最高价相比，当股价从最高价下跌达到一定幅度时卖出，如果此时投资者处于亏损状态的叫止损；处于盈利状态的叫止盈。下跌幅度达到多少时止盈要看股价的活跃度，较为活跃的个股要把幅度设置大些。一般根据成交密集区设置，如移动成本分布的高峰区。因为成交密集区对股价会产生直接的支撑和阻力作用。一个坚实的底部被击穿后，往往会由原来的有力支撑区转化为强大的阻力区。

◇根据自己的经验设置

根据自己的经验设置心理价位作为止损位。投资者在长期关注某只个股，对股性有较深了解时，可根据心理价位设置止损位，往往也非常有效。

仓位控制的诀窍

仓位控制就是一种风险控制的手段，试想，如果你能百分之百看准后市，还谈什么仓位控制，每次都全仓进出好啦，因为满仓操作从资金使用效率的角度来看永远是最高效的手段。因此，如果某些人或机构的炒股秘籍号称能精确预测后市，并提醒你分仓分批地操作，那么你可以断定他们是骗子或夸大其词，因为看得准与风险控制本身就是自相矛盾的。

为什么谈起仓位控制就要说到"分析与预测市场"呢？对股市有点经验的投资者都知道，股价走势是具有较大随机性的，即便是纯粹的技术派分析人士也承认，股价在一定程度上具有随机性，我们的技术派分析鼻祖查尔斯·H.道（道琼斯指数发明者）也认为日间杂波受人为影响最大、最无意义。假如存在可预测的方法，由于所有人做出了一致的预测，那么预测本身也会影响股价的波动而导致预测失败。从古今中外公开的资料中，我们还没有发现有人或方法能完全地预测股市走势（估计没公开的也一样）。由以上推理可以得出，股价波动至少在一定程度上是不可测的。既然股价具有不可预测性，那自然就存在风险，所以我们必须引入风险控制的概念，而仓位控制是实战中最直接的风险控制方法。

以上是止损时的几种操作手段，对此我们要切记学会融会贯通，千万别孤立地看待止损的几种体系，要用全局的眼光看待，这样才能充分吸收其知识，具体在运用止损手段时，才能真正达到一种较为从容的境界，否则很可能不得其法，非常迷茫。"融会贯通"强调的是一种彻底吸收，只有彻底吸收了，我们才能提升自己。

止损是风险投机市场中控制损失扩大化的有力手段。在具体实施过程中，我们需要切记，绝对不能等到亏损已经发生才考虑用什么标准止损，这样常常为时已晚；一定要在买入的同时就考虑如果判断失误应该如何应对，并且制定周详的止损计划和止损标准。要做好这些就要制定好一套适合自己操作的止损系统，并且严格执行，只有这样才能有的放矢，有备无患。

可以爱股市，但别上瘾

如果问一些职业股民什么时间最容易过，什么时间最难过，答案八九不离十：看盘的时间过得最快，收市后放假的时间最难挨。

盯着电脑屏幕，很多人可能不一定操作，但就喜欢看，看什么？看大盘的波动，看市场的热点，看自己关注或买入品种的状况，每时每刻这些都在变动，看着变动的过程就很容易忘却时间的流逝。所以，经常看盘的人都有这样的体会，看盘的时间实在是过得太快了。

同样的时间用于做其他事情，感觉就截然不同了，道理也不复杂，其他事情不像看盘那么需要高度集中注意力，注意力一集中，时间就会飞逝，注意力稍微分散，就会感觉时间比较缓慢，其实时间长短都一样，只是因注意力集中程度不同而有所差别而已。

股市的魔力就在于可以把那么多人的注意力在同一时段集中起来。为何进入股市的人一旦看盘就很容易集中注意力呢？仔细想想，不外乎以下三点：一是股市的波动状况确实有趣，就好像看一场精彩的电影，可以忘却时间；二是股市的起落事关投资者本身的利益，每个起落都会带给人喜悦或伤痛，自然能让人集中注意力；三是股市的波动等状况很有研究价值，只有投入高度的关注才能有真正的收获。不管你是市场人士或非市场人士，不管你是职业股民或非职业股民，不管你是研究员或非研究员，只要你看盘了，你就免不了被它吸引。

很多上瘾的投资者可能会这样安排一天：

早上醒来，吃完早餐；

没多久，浏览新闻，准备看盘；

9点15分一到，开始关注集合竞价；

9点30分一到，正式投入看盘状态；

11点30分结束，不过瘾地离开看盘状态；

12点前，午饭已经吃完；

12点到13点，难过的一小时，耐心等待下午开盘；

13点一到，眼睛再次发亮，继续进入看盘状态；

15点结束全天战斗，意犹未尽地离开股市，回到现实；

15点后，煎熬等待，期盼明天的9点15分快点到来。

每天都这样周而复始，直至周末才结束这种生活。只是周末的时候，很多上瘾的投资者也没把太多时间花在其他事情上，更多地也是煎熬地等待着下周一快点到来。

这样的生活，你喜欢吗？你曾经有过类似的生活吗？喜欢不喜欢姑且不谈，但我相信基本上只要是在资本市场待过一段时间的，肯定过过类似的生活。

我也有过这样的经历。但是我知道，一直这样下去是不行的。这样下去，就算你拥有再多的财富，那又如何？最终你会发现，你已经失去自我，而且失去友情与亲情，当然，更多的是你拥有的仅仅只有股市，仅仅只有那点财富而已，说得俗点就是穷得只剩下股市与钱了。

这又何必呢？我想，每个人都应有更多比股市与钱更值得关注和追求的东西。股市很奇妙，可以喜欢，作为终生热爱的领域，但那不是生活的全部，要懂得合理分配时间和精力，懂得合理调整自己的心态，人生才会真正具有色彩与意义。你说是不是？我是这样想的，也是这样做的。

04

主力建仓操盘案例分析
——如何寻找主力建仓的蛛丝

精诚铜业——激流暗涌的黑马股

2010 年 10 月，在一波不出我预料的超预期反弹行情里，最引人注目的就是有色金属板块。而在这个板块里面，精诚铜业（自 2015 年 7 月 21 日起，该公司股票简称由"精诚铜业"变更为"楚江新材"）在不到半年时间内实现了股价涨两倍的"战绩"，其能量之充沛，让市场为之疯狂。如何捕捉到这种诱人的猎物？相信大家相当有兴趣。不妨继续运用本书中讲到的盘面分析新利器——分时图、成交量和换手率，对精诚铜业的建仓阶段进行深入分析。

2010 年 4 月 8 日，大盘低开低走，精诚铜业却在 11 点后脱离大盘走出独立行情。如图 4-1 所示，尽管大盘全天一直处于下跌趋势过程中，但精诚铜业始终保持强势的区间震荡，甚至在最后半小时还有一波猛烈上攻动作。无论场内筹码是获利还是亏损，在大盘大幅杀跌的情况下，多少还是会产生动摇。图 4-2 中，福建金森的情况与此类似。

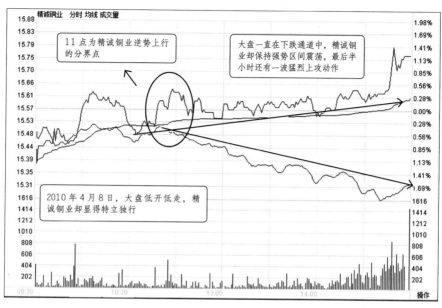

图 4-1　精诚铜业 2010 年 4 月 8 日分时图

2018 年 11 月后，福建金森即将维持将近两个月的横盘走势，其中不乏图 4-2 这般"我行我素"的走势，大盘下挫个股上升，显得底气十足，很明显主力是在为 2019 年初的小牛市收集筹码。

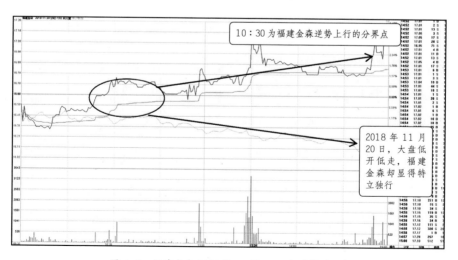

图 4-2　福建金森 2018 年 11 月 20 日分时图（二）

　　如图 4-3 至图 4-4 所示，在大盘下不温不火的情况下，精诚铜业与福建金森实现了两次放量上攻动作。

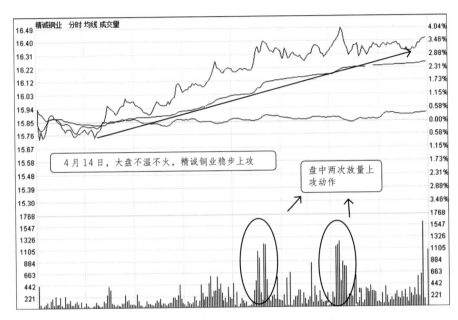

图 4-3　精诚铜业 2010 年 4 月 14 日分时图

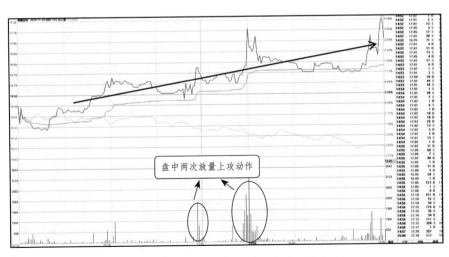

图 4-4　福建金森 2018 年 11 月 20 日分时图（三）

如图 4-5 所示，4 月 22 日，大盘在经历连续下跌后，仍显疲软，此时精诚铜业表现得我行我素，能量十足。只要大盘稍有上扬，它就马上开始更猛烈的拉抬。精诚铜业最终以红盘告收，相对大盘而言相当强势。在大盘低迷的情况下，精诚铜业的逆势而行无疑使更多筹码落到自己手中。如图 4-6 所示，2019 年 1 月 8 日的福建金森的情况与此类似。

4 月 26 日，大盘在早盘保持震荡，午后却展开一波杀跌。如图 4-7 所示，精诚铜业再次脱离大盘走势，显示出了稳健上扬态势。更有意思的是，大盘一有下杀动作，它就出现放量上攻，其底气显得相当充足。同样的情况也出现了图 4-8 中，2019 年 1 月 28 日福建金森的走势与此类似。

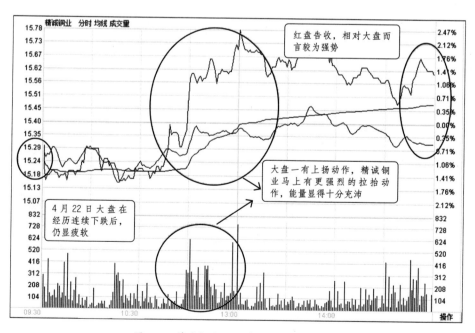

图 4-5 精诚铜业 2010 年 4 月 22 日分时图

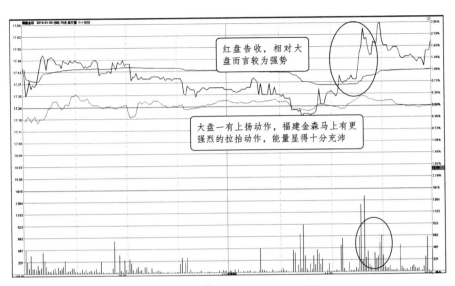

图 4-6　福建金森 2019 年 1 月 8 日分时图

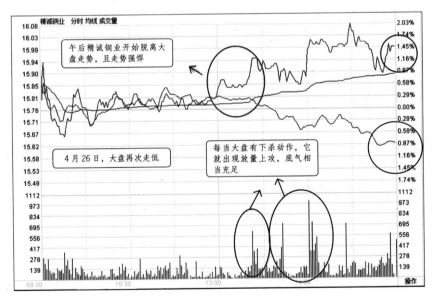

图 4-7　精诚铜业 2010 年 4 月 26 日分时图

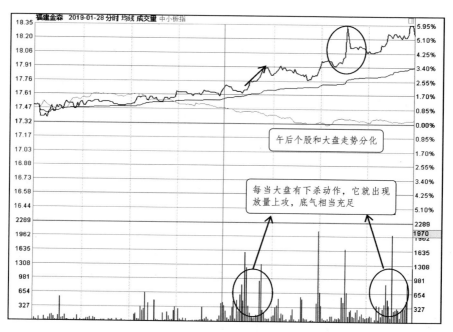

图 4-8　福建金森 2019 年 1 月 28 日分时图

为了进一步揣测主力资金的真实意图和场内筹码的态度立场，我们不妨跳出分时图，从更大的视野去感悟精诚铜业在上证指数下跌初期的独特表现。如图 4-9 所示，2010 年 4 月 8—26 日，在不到 20 个交易日里面，大盘从最高点 3181 点急跌到 3000 点以下，而同期精诚铜业却表现得相当强势。从图 4-10 中可以看到，精诚铜业基本没怎么跌，甚至还出现过非常强劲的反弹。其中蕴含的能量之大，可谓"泰山崩于前而色不变"。尽管后来在大盘持续地向下牵引下，精诚铜业也选择了下跌回调，但是它在下跌前期的"积极反抗"依然让人感受到其暗流涌动的能量。

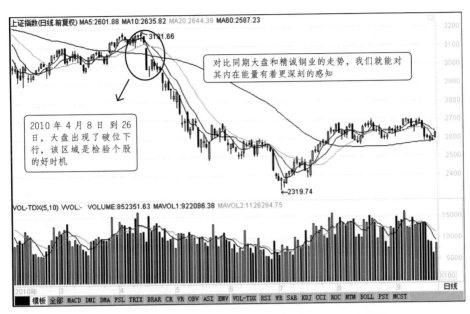

图 4-9　上证指数 2010 年 4 月 8 日至 2010 年 4 月 26 日走势图

　　精诚铜业在前期反抗大跌时的抢眼表现究竟是昙花一现还是有主力资金在深度介入？我们不妨从成交量角度再次回顾其在 2010 年 2 月到 9 月的走势。通过图 4-10，我们可以清晰地看到，从 2010 年 5 月到 9 月，精诚铜业的成交量出现了非常明显的"上涨时放量，下跌时缩量"的节奏变化。这说明了什么问题？说明主力资金在不断震荡波动中吸纳筹码。那么主力资金介入的程度如何？筹码的交换情况又达到什么程度？我们接下来就来看看这个区域里的换手率。

　　精诚铜业 2010 年 2 月 12 日到 9 月 29 日的区间统计数据如图 4-11 所示。在超过半年的时间内，行情软件区间里计算得出的换手率为 644.08%，平均每天大概有 4.32% 的换手率，相对于大盘的区间震荡走势而言，此股的成交活跃度是非常高的。图4-12中福建金森的情况与此类似。

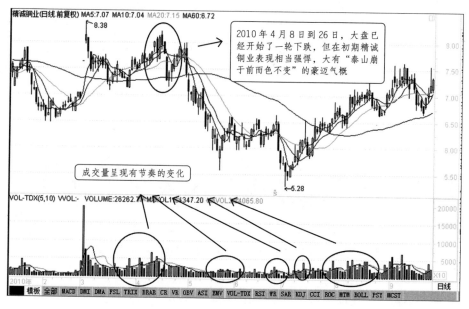

图4-10 精诚铜业2010年2月至2010年9月走势图

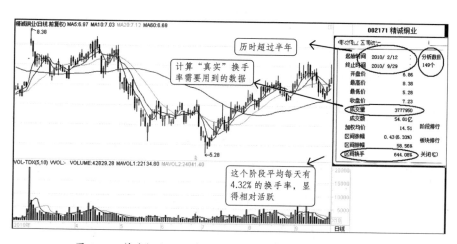

图4-11 精诚铜业2010年2月12日到2010年9月29日走势图

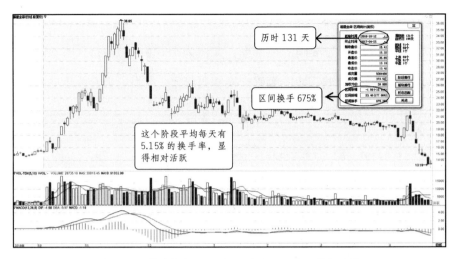

历时 131 天

区间换手 675%

这个阶段平均每天有 5.15% 的换手率，显得相对活跃

图 4-12　福建金森 2016 年 10 月至 2017 年 4 月分时图

【学习延伸】

　　换手率较高的个股，通常备受短线资金关注，存在主力"对倒"现象，成交量密集，起伏大。遇到换手率暴增的个股时，首先应当判断个股的位置是否处于高位，结合历史成交量比等情况综合考虑，若之前换手不活跃，则这可以视为主力介入的证据之一；若个股获利盘占大多数，则高换手率也可视为主力退出的证据之一。当然，次新股属于例外，对于刚开板的次新股，获利盘疯狂涌出，无套牢盘，因此需要另外考量。

　　为了进一步确认精诚铜业区间换手率的真实性，我们通过 F10 里的股本股改栏目，查看精诚铜业在此期间是否发生股本的相应变动。如图 4-13 所示，精诚铜业在 2010 年 9 月 21 日之前，其实际流通股份为 4805 万股，其大股东的股份尚在限售期内，因此它可以说是典型的小盘股。即我们只需拿区间的成交量 3777950（手）除以 4805（万股），就能得出更为准确的换手率，大概为 780%，平均每天有 5.2% 的换手率，结论是精诚铜业的筹码交换相当频繁，主力资金介入度非常高。

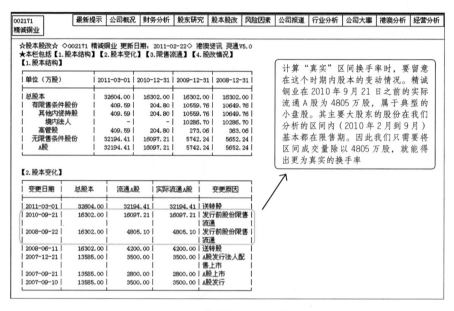

图 4-13　精诚铜业 F10 分析图

分时图上的"异动"，成交量有"节奏"的变化，加上股价区间震荡时期的高换手率，都从不同的侧面反映了主力资金的建仓过程。如图 4-14 所示，从精诚铜业的周 K 线图来看，其技术形态在建仓阶段就呈现出一个大型圆弧底，因此积聚的能量相当巨大，一旦爆发，想不一飞冲天都难。精诚铜业在不到半年内股价涨两倍的表现告诉我们，当大量主力资金深度介入小盘股中，那么其做多能量一旦释放，将是十分惊人的。如图 4-15 所示，福建金森的情况与此类似。

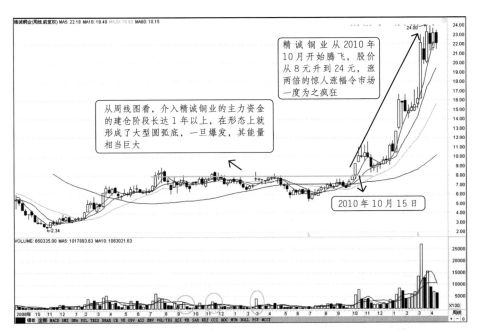

图 4-14　精诚铜业大型圆弧底后急速飙升走势图

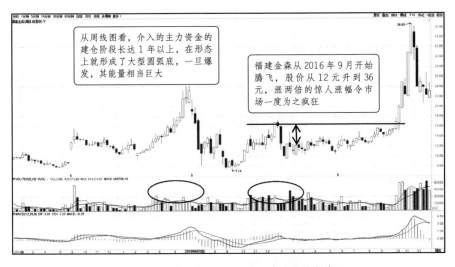

图 4-15　福建金森大型圆弧底后急速飙升走势图

【学习重点提炼】

通过观察福建金森和精诚铜业的大圆弧底，不难发现阶段性底部就在圆弧底之中，突破圆弧底将会有更精彩的走势。概括地讲，就是"最小量度涨幅为底到颈线位的垂直距离"，所以圆弧底的时间越长，垂直距离越大，其效果就会越显著。

【学习延伸】

如何确定圆弧底为有效形态呢？

（1）突破颈线位位置超过3%。小于3%则力量不够，大于3%才能脱离原有轨迹。

（2）站上颈线位超过3个交易日。这是为了避免偶然性而设置的，毕竟偶然地站上颈线位不能够说明已经进入突破状态。

【学习小总结】

面对圆弧底形态，有的投资者在其还未完全形成时已经提前潜伏，这是我们必须具备的感知能力，在形态还没有形成之前没有人知道会持续多久，在这个过程中我们是否有勇气坚定持股呢？所以，提前潜伏的人一定需要极大的智慧和持久的耐心。

【课后作业】

（1）什么是圆弧底？

（2）如何把握好圆弧底带来的机会？

（3）请在市场中分别找出三个长周期圆弧底和短周期圆弧底，并预测未来走势。

从细节入手，跟踪主力的动向

在市场中我们会发现盘感相对较好的投资者，能得到很多人的敬佩。大家会好奇为何其盘感那么好，自己却难以做到这一点。难道真的存在特异功能吗？相信市场中的投资者或多或少会存在这种疑问。特异功能显然不现实，但确实有人能感知好的盘面，这其中有天赋的原因，但更多的是长期锻炼的结果。长期锻炼培养的过程通俗点来说就是长期跟踪、用心体会并不断验证的一个过程。有些投资者盘感之所以好，是因为在上述过程中积累了大量的盘面波动特征，以及这些特征背后的股市语言经验，历史虽不会一成不变地重演，但很多时候会相似，所以当大脑中贮存了足够多的盘面特征时，往往只要市场发出盘面语言，经验丰富的投资者就能大概地知道下一步将会发生什么，这就是盘感好的一种体现。

只要我们用心去体会，在盯盘过程中有意识地积累一些盘面语言并弄懂其背后的意图，不断地验证和总结，日积月累，盘感自然能够得到很大程度的提升。盯盘可以说是一门艺术，很多人都盯盘，但结果会有很大的差别，有些人在经历这个过程之后盘感得到很大的提升，同时账户金额也出现了增长；有些人同样也是盯盘，但跟随盘面波动忙碌一天之后，却没有什么大的收获，只知道市场或个股涨了或跌了，对于其中的波动及一些细节一概不知，长期停留在表面，长此以往，要想有大的收获是不可能的。所以问题的根源便在于细节。

细节决定成败，这句话在股市中同样发挥着重要的作用，前面我们分析了盘感的形成在很大程度上得益于对盘面一些波动细节的积累与验证，如果连这个过程都没有，要想迈入高手的行列只能是黄粱美梦，最终留下的只能是现实的残酷和无情。做任何事情都有一个过程，在股市中也同样如此，不论是培养自身的盘感还是最终赢利都需要时间，即想要成功需要极大的耐心。这个过程虽然艰难，但只要坚持下来了，最终的回报将会相当可观，巴菲特的巨大成功就是一个很好的例子，长期持股的复利增长缔造了资本市场的神话。

前面我们分析了培养盘感需要用心去体会盘面的波动，其中的主要目的在于寻找主力的蛛丝马迹。众所周知，起主导作用的主力资金的动向往往在很大程度上影响着个股接下来的波动，因此主力资金的动向是我们盯盘时需要重点关注的，但很多时候我们并不能从一两天的盘面波动就能追寻到结果。就拿建仓过程来说，对于主力资金而言，很多时候并不是一两天的行为。这也是平时我们需要跟踪个股波动的重要性所在，在买入之前进行一段时间的跟踪，一方面在跟踪中追寻主力资金的动向，另一方面了解个股的特性，掌握其波动的秉性，这种重要性不言而喻。对比一下，注重这些细节与没有注重这些细节的盯盘过程，最终谁赢的概率大？无疑，从细微之处入手比起毫无目的地翻翻盘面情况能获取更多的盘面信息，胜算自然提高了。

主力资金的动向虽然具有一定的隐蔽性，但很多时候并不会一点动静也没有，运作过程中的动作很多时候都是显而易见的，只是我们没有留意到而已，只要稍微细心一点，主力运作的蛛丝马迹并没有想象中那样难以察觉。

美罗药业阶段性走势图如图 4–16 所示，2011 年 1 月 25 日，美罗药业阶段性股价从 9.45 元上涨至 15.11 元，短期内上涨幅度达到59%。短期内巨大的涨幅是投资者梦寐以求的，但在启动前夕是否存在一些异动行为呢？从其日 K 线图来看，整个过程并没有异常的动作，跟其他个股的拉升走势相似。初期的小阴小阳攀升，之后的中大阳并伴随涨停的上攻态势，尤其是初期的小阴小阳攀升的走势，单从日 K线图来看，根本看不出明显的主力运作迹象，这种走势也不会让人产生多大的兴趣，然而后市的走势并不像我们初期想象得那样平淡，相反呈现出极其强势的格局。对于平时只是翻翻盘看看表面现象，不深入细心去体会的投资者而言，很有可能被初期的这种小阴小阳的走势蒙蔽双眼，最终很有可能与这种短期的巨大涨幅失之交臂。

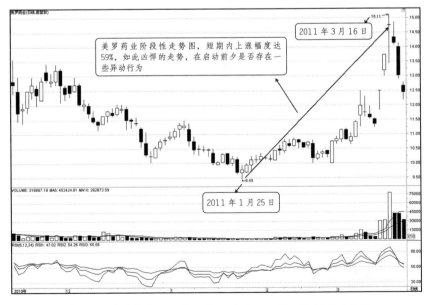

图 4–16　美罗药业 2011 年 1 月 25 日至 2011 年 3 月 26 日走势图

　　这就是不懂得从细节入手的最大弊端，本来主力资金的动向就比较隐蔽，如果我们不多从细节入手，试问怎样才能很好地体会主力资金的动向呢？粗糙地翻翻盘看看盘，最终可能涨了才知道涨了，跌了才知道跌了，这无疑会让自己处于极其被动的地位，被市场牵着鼻子走。而要想做到跑赢大盘或进入少数能盈利的行列，不化被动为主动显然是不行的。

　　从细节入手，很大程度上就是需要对所选择的标的进行一段时间的跟踪，跟踪的过程就是一个很好的深入细节的途径，当然这不是说每时每刻盯着目标标的，毕竟对于很多投资者而言，要想做到这一点不现实；从格局上来说，只盯局部会让我们的眼光过于短浅，也会容易使我们的情绪过多地受到盘面波动的影响，从而陷入追涨杀跌的行列。同时从跟踪个股的数量来说，如果跟踪的目标标的数量较多，也不太可能面面俱到。怎样才能有效地跟踪？我们没有三头六臂，当目标标的相对较多时，我们确实无法做到每时每刻顾及所有的目标标的。这是不是就阻碍我们深入细节，妨碍我们把握盘中的有效信息了呢？非也。虽然在盘中我们无法做到顾及每一个个体，但我们有足够的时间去回顾盘中的波动，即收盘后的复盘行为。这样同样可以获取盘中波动的信息，照样具有非常重要的意义，但大多数投资者不屑于去做这些琐碎的事情，认为都已收盘了，再看也没什么意义了。此种心态是非常不可取的。如图4-16所示，美罗药业的阶段性强势格局走势，单从日K线图上，在强势拉升前夕我们确实看不到有哪些异动之处；然而如果从细节入手，深入研究，就算再隐蔽的主力行为也会在盘面上留下蛛丝马迹。如图 4-17 所示，健帆生物的情况与此类似。

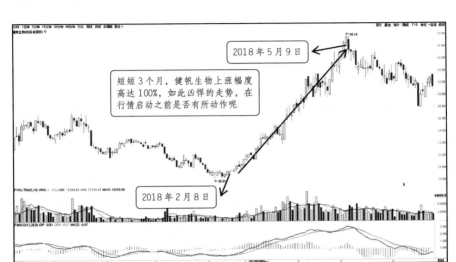

图 4-17　健帆生物 2017 年 10 月至 2018 年 6 月走势图

如图 4-18 圈中部分所示，对于美罗药业强势拉升前夕的波动，从日 K 线图中我们找不到明显的异动信号，此时我们不妨从每天的波动情况入手，从更细节的方面进一步研究，看能否发现主力运作的蛛丝马迹。如图 4-19 所示，健帆生物的波动走势与此类似。

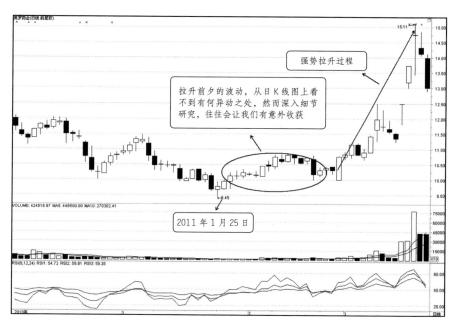

图 4-18　美罗药业强势拉升前夕的波动走势图

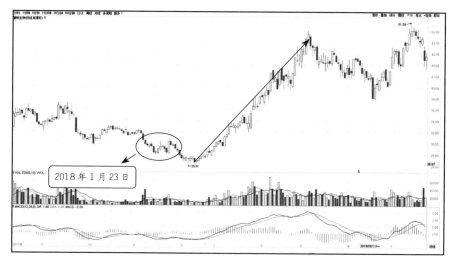

图 4-19　健帆生物强势拉升前夕的波动走势图

　　看盘期间或收盘后的复盘期间，我们该关注哪些信息？分时图中成交明细、分时走势图，以及分时走势过程中伴随的量能的变化，这些信息都是我们应关注的对象。美罗药业 2011 年 1 月 25 日分时图如图 4-20 所示，从当天的分时走势来看，开盘初期该股处于下探的走势，下探完毕后很快便收复了失地，而且拉升的走势是较为凶悍的。这种硬上的强势拉升行为——从下跌 2% 到上涨 2.5% 显然不是一般的散户资金所为，这是我们分析分时走势得出来的结果，显然单从日 K 线图上我们是发现不了这些细节的，这就是从细节入手研究带来的成果。当然仅这一点信息不足以让我们下定论，毕竟这还只是分析的开始，随着进一步的分析，综合各种信息再下结论，预判的正确性就大大提高了。如图 4-21 所示，健帆生物的情况与此类似。

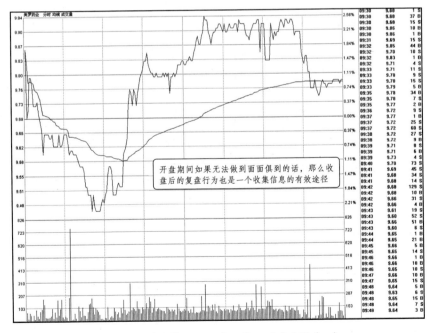

图 4-20　美罗药业 2011 年 1 月 25 日分时图（一）

图 4-21 健帆生物 2018 年 7 月 6 日分时图（一）

分析完分时走势，我们可以看看分时成交柱的信息。

如图 4-22 所示，从全天的分时成交柱分布情况来看，在开盘初期和接近收盘的这两段时期内，成交显得比较稀疏且参差不齐，这是一种无次序的表现。而中间地带却非常密集和均匀，分时量能柱高度相当，这说明每分钟的成交量相当，这是一种有次序的表现。为何两端显得无次序，中间地带却显得井然有序呢？这是我们接下来需要重点思考的。在该区域具体的成交情况如何？我们需要分析成交明细情况。

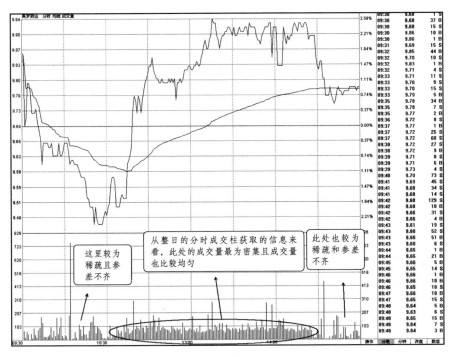

图 4-22　美罗药业 2011 年 1 月 25 日分时图（二）

　　当然在这里，我们还是可以得到一些大概的信息，从某种意义上来说，其实这里的分时成交柱有异动的表现。因为如果市场是各群体随机交易，那么不应该出现分时这种成交柱有序的行为，更多的应是像两端的无序的行为，显然，这里出现较长一段时间的成交柱有序分布情况，是存在一定蹊跷的。这是我们从分时成交柱得出的信息。然而真相是否真的如此，还需进一步深入研究。如图 4-23 所示，健帆生物的情况与此类似。

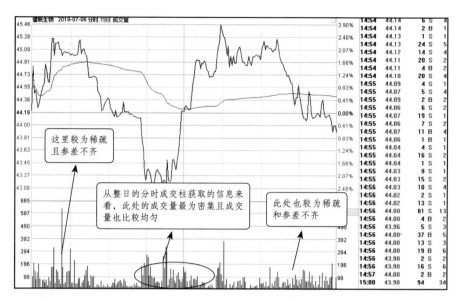

图 4-23　健帆生物 2018 年 7 月 6 日分时图（二）

从分时成交明细来观察，是在分时成交柱基础上的进一步深入。上述中间地带分时成交柱密集均匀有序分布，到底存在哪些奥妙？我们来一探究竟。

如图 4-24 所示，分时成交柱密集有序分布地带主要集中在 10∶30 至 14∶30 期间，这段时期内的成交明细是我们接下来关注的重点。如图 4-25 所示，健帆生物的成交柱密集均分布的地带也集中在了一段时间内。

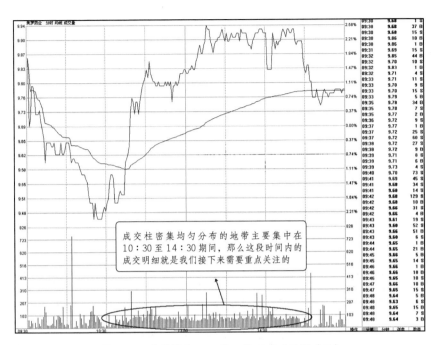

图 4-24　美罗药业 2011 年 1 月 25 日分时图（三）

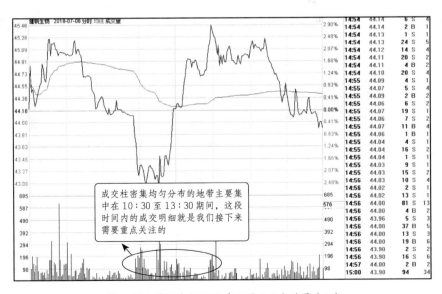

图 4-25　健帆生物 2018 年 7 月 6 日分时图（三）

现在，我们把重点转向右边区域的成交明细上。

如图 4-26、图 4-27 所示，成交明细图的第一页显示了时间段位 9：30 至 9：48 的成交明细情况。这里的成交数据没有什么特别之处，有几手的、几十手的，也有上百手的，没出现明显的大单。如图 4-28 所示，健帆生物的情况与此类似。

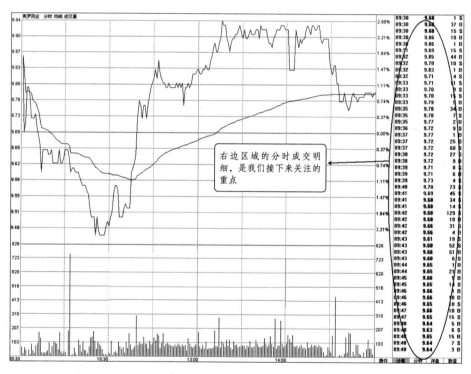

图 4-26　美罗药业 2011 年 1 月 25 日分时图（四）

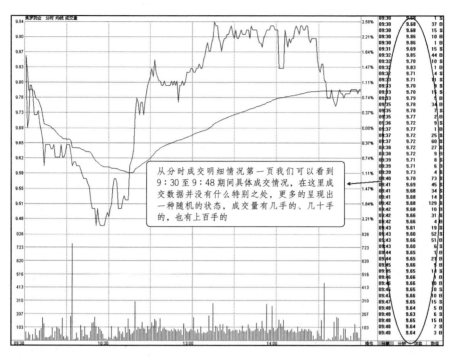

从分时成交明细情况第一页我们可以看到 9:30 至 9:48 期间具体成交情况，在这里成交数据并没有什么特别之处，更多的呈现出一种随机的状态，成交量有几手的、几十手的，也有上百手的

图 4-27　美罗药业 2011 年 1 月 25 日分时图（五）

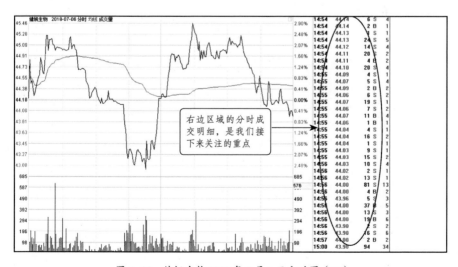

右边区域的分时成交明细，是我们接下来关注的重点

图 4-28　健帆生物 2018 年 7 月 6 日分时图（四）

如图 4-29 和图 4-30 所示，第二页的分笔成交明细情况，对应时间为 9：49 至 10：07，没出现让人振奋的异动情况。

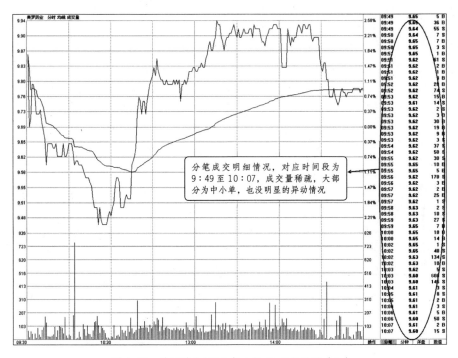

分笔成交明细情况，对应时间段为 9：49 至 10：07，成交量稀疏，大部分为中小单，也没明显的异动情况

图 4-29　美罗药业 2011 年 1 月 25 日分时图（六）

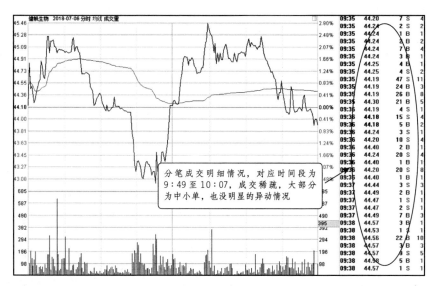

图 4-30 健帆生物 2018 年 7 月 6 日分时图（五）

如图 4-31 所示，第三页分笔成交情况也不存在什么异动之处。

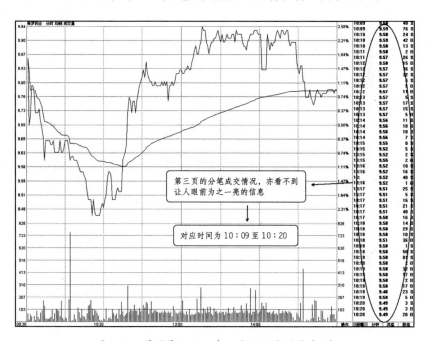

图 4-31 美罗药业 2011 年 1 月 25 日分时图（七）

美罗药业 10：20 至 10：33 的分笔成交情况如图 4-32 所示，没有出现明显的大单，也没有出现异动。

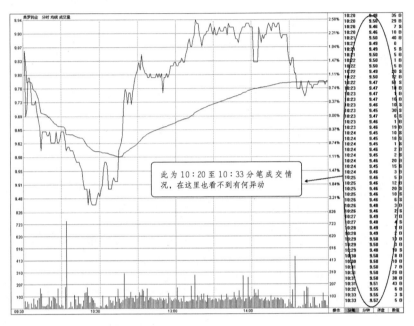

此为 10：20 至 10：33 分笔成交情况，在这里也看不到有何异动

图 4-32　美罗药业 2011 年 1 月 25 日分时图（八）

从开盘 9：30 至 10：30，我们对一个小时内的分笔成交情况进行了初步的扫描，可发现在这一个小时内，成交情况更多的是随机情况，几手、几十手、上百手零散分布，处于一种无序的状态，还看不到人为的刻意的行为。这是我们在开盘一个小时之内浏览分笔成交情况得出的结论，这一点在前面所示分时成交柱两端呈现出的无序稀疏分布上也能看出一些端倪。对分笔成交明细进行分析，更是验证了这一点。我们继续往下看，前面我们提到了 10：30 至 14：30 这段时间内需重点留意，因为从分时成交柱的分布来看，这里呈现出一种密集有序的运动状态。

如图 4-33、图 4-34 圈中部分所示，从 10：44 开始，分笔成交几乎都以整数 10 手成交，如图 4-35 圈中部分所示，分笔成交几乎都以整数 1 手成交，这是市场随机运作的一种巧合还是另有其他原因？我们继续往下看。

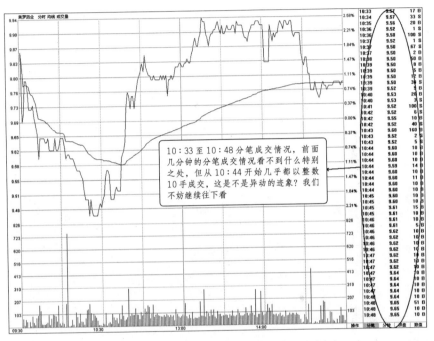

图 4-33　美罗药业 2011 年 1 月 25 日分时图（九）

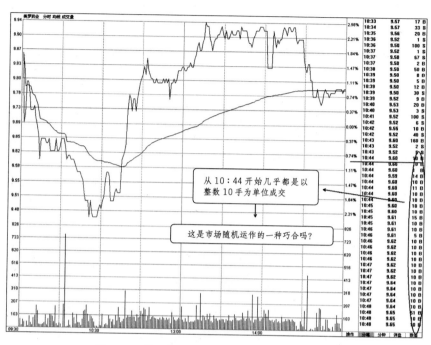

图 4-34　美罗药业 2011 年 1 月 25 日分时图（十）

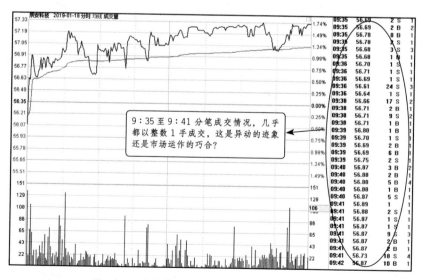

图 4-35　辰安科技 2019 年 1 月 18 日分时图（一）

【学习小总结】

分时成交柱的分布若呈现出一种密集有序的运动状态，譬如密集的小单成交，这种异动情况大概率是由于主力的控盘行为。

如图4-36所示，健帆生物的成交情况也没有什么"意外"。

图4-36　健帆生物2018年7月6日分时图（六）

如图4-37所示，10：48至10：54的分笔成交情况主要也是以整数10手成交，其他成交也与10手相差不远，如15手、20手等。继续往下看，图4-38中，大部分是以1手成交，图4-39至图4-43中，主要也是以整数10手成交。

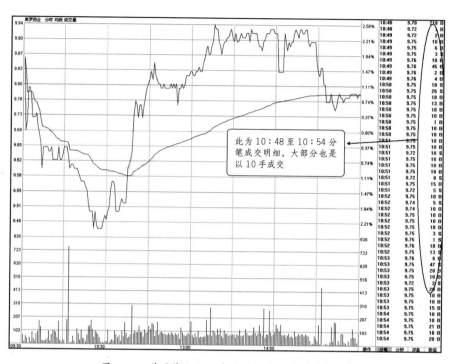

图 4-37　美罗药业 2011 年 1 月 25 日分时图（十一）

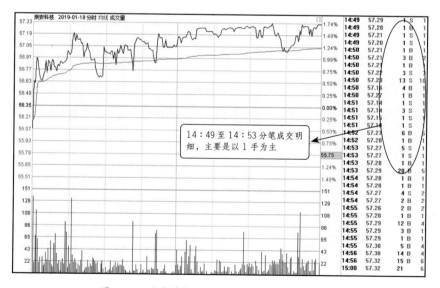

图 4-38　辰安科技 2019 年 1 月 18 日分时图（二）

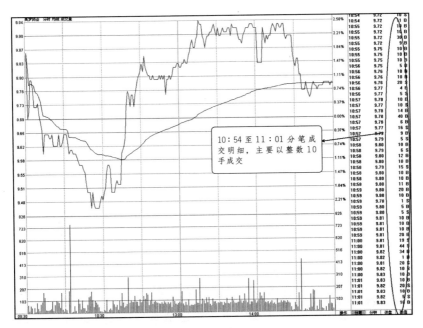

图4-39　美罗药业2011年1月25日分时图（十二）

图4-40　美罗药业2011年1月25日分时图（十三）

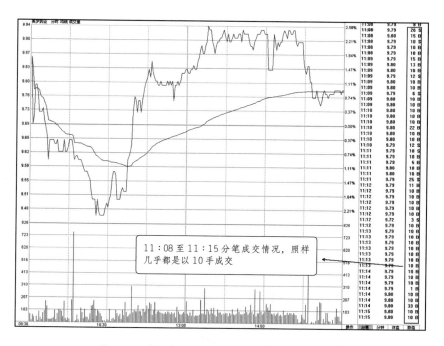

图 4-41　美罗药业 2011 年 1 月 25 日分时图（十四）

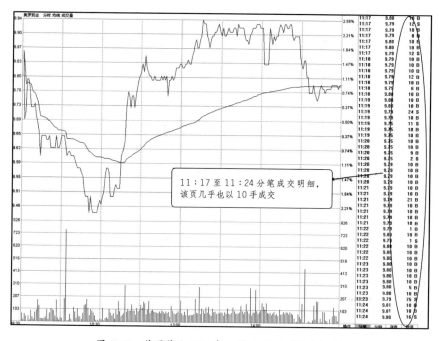

图 4-42　美罗药业 2011 年 1 月 25 日分时图（十五）

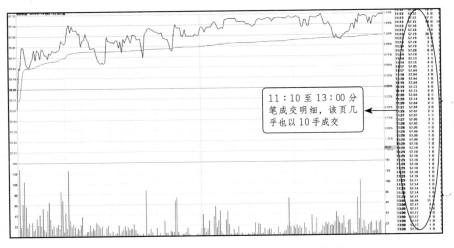

11：10 至 13：00 分笔成交明细，该页几乎也以 10 手成交

图 4-43　辰安科技 2019 年 1 月 18 日分时图（三）

图 4-44 显示美罗药业 11：24 至 13：01 的分笔成交明细情况，同样几乎以 10 手成交。我们可以清晰地看到，从 10：44 开始一直到早盘结束，几乎都是以 10 手一笔成交，这就是分时成交柱上表现出密集均匀状态的原因，如此多的重复买卖单，这绝不是巧合，而是一种有目的的行为表现。我们也可以看到，在这个过程中，从 10：44 开始，在 10 手买单的重复涌进下，股价不断地被推高。如图 4-45 所示，辰安科技的情况与此类似。

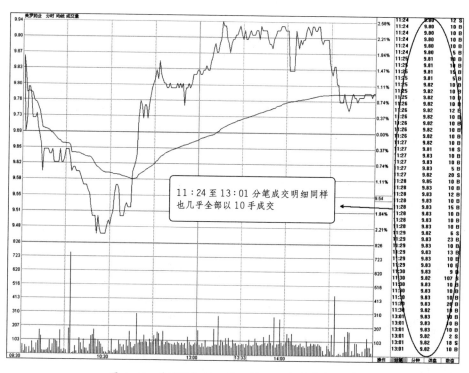

图 4-44　美罗药业 2011 年 1 月 25 日分时图（十六）

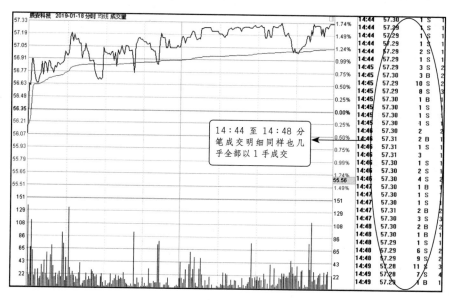

图 4-45　辰安科技 2019 年 1 月 18 日分时图（四）

如图 4-46 和图 4-47 所示，股价分别在 10：30 和 13：00 以后呈现出稳步走高的态势，这种盘中以小单逐步推升股价，并不时地使用大单拉升的行为很明显不是散户资金所为，而是主力资金的一种手法。

图 4-46　美罗药业 2011 年 1 月 25 日分时图（十七）

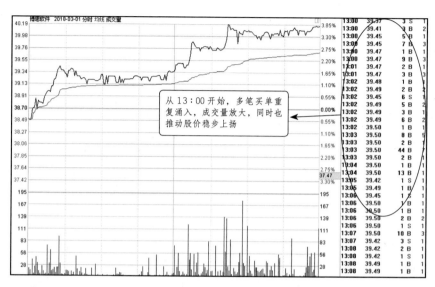

图 4-47　博思软件 2018 年 3 月 1 日分时图

我们再看看该天在整个大格局所处的位置。

如图 4-48 所示，从阶段性所处的位置来看，该天出现在一波不小幅度的下跌之后，再加上在此位置出现持续性的小单涌入，这背后蕴含着怎样的含义，值得我们深思。同时，前文分析了 2011 年 1 月 25 日当天 10：44 开始出现持续性的相同笔数的小单流入不太可能是一般散户资金所为，为主力资金运作的概率较大。在相对低位出现这种动作，这或许是主力资金的一种建仓行为，当然一天的异动并不能说明太多的问题，这是不是主力资金建仓的行为还需我们进一步观察，但这一天出现的现象不得不引起我们的注意，盯盘抓的就是这种异动信息。如图 4-49 所示，博思软件的情况与此类似。我们接下来要做的就是继续跟踪，追踪到底，如果能做到这一点，赢的概率也就大大提高了。

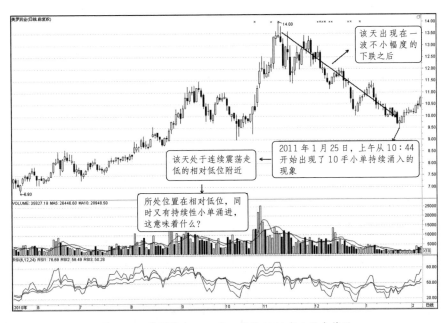

图 4-48　美罗药业 2010 年 6 月至 2011 年 3 月走势图

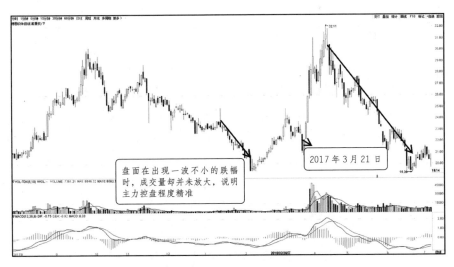

图 4-49　博思软件 2017 年 9 月至 2018 年 6 月走势图

好了，我们继续往下看。

13：00 至 13：09 分笔成交明细如图 4-50 所示，下午开盘后仍旧维持 10 手小单持续性涌入，且这种现象一直持续到 14：25 左右。如图 4-51 所示，11：28 至 13：00 连续出现 1 手的小单成交。

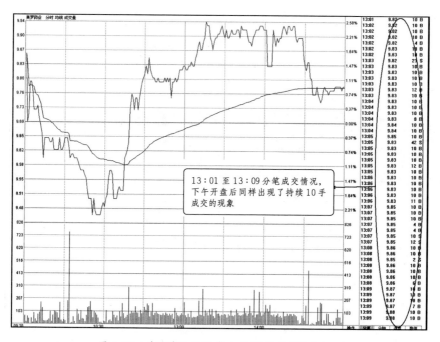

图 4-50　美罗药业 2011 年 1 月 25 日分时图（十八）

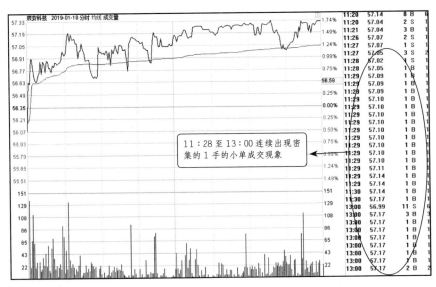

图 4-51　辰安科技 2019 年 1 月 18 日分时图（五）

　　如图 4-52 所示，从下午开盘到 14：23 这种现象还在持续，从开盘到该时间点几乎一直处于这种状态，中间的时间段在这里就不一一列举了，打开行情软件就可以看到这些时间段的具体情况。我们从分时成交柱上也能清楚地看到，这种密集有序分布情况一直持续到 14：30 左右，14：30 之后，分笔成交情况恢复正常，恢复原来的无序随机排列的状态。

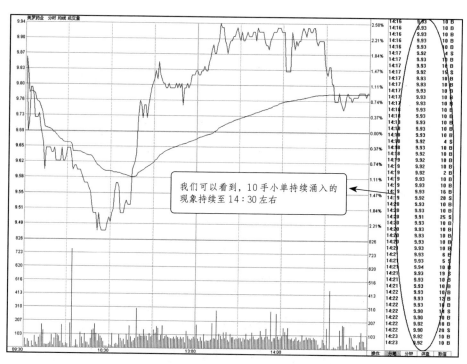

图 4-52　美罗药业 2011 年 1 月 25 日分时图（十九）

　　如图 4-53、图 4-54 所示，14：23 之后至收盘的分笔成交情况，恢复了正常的随机无序成交状态，这一点在分时成交柱上也得到了体现，分时成交柱表现的是一种稀疏无序分布的格局。总之，从 2011 年 1 月 25 日该天的波动和波动过程中的具体细节我们得出以下结论，这种以重复小单连续分笔成交的行为不大可能是散户资金所为，盘中以小单使股价逐步推进，并不时以大单出击强势拉升的走势，很有可能是主力资金一种有准备的行动。同时结合该天所处的位置，在一波大幅下跌之后，综合这两点我们可以初步预判，主力资金的这种有计划的行动或是一种建仓行为。当然仅根据这一天的波动还不能说明太多的问题，发现这种现象后，接下来我们要做的还是继续跟踪，更明了的信息往往会在进一步深入过程中逐步显现。

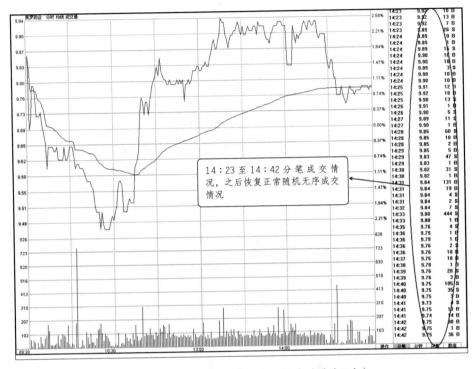

图 4-53　美罗药业 2011 年 1 月 25 日分时图（二十）

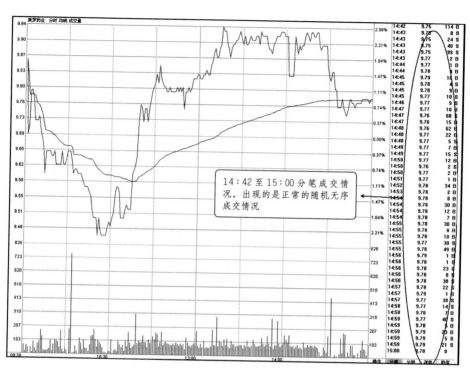

图 4-54　美罗药业 2011 年 1 月 25 日分时图（二十一）

　　一天的波动能够给我们一些启迪，引起我们的注意，但要明确问题还需要一段时间的跟踪和深入研究。继 2011 年 1 月 25 日之后，我们再来看看 26 日的波动情况，前面我们分析得出的结论是：25 日的这种连续小单涌入的情况或许是主力建仓的行为。如果真是如此，那么主力建仓的行为就不会在一天内结束，即建仓往往需要一段时间才能完成。所以后面的跟踪就显得尤为重要了，在后市中，我们要捕捉的信息很明确，就是在该天之后的一段时间内是否再次出现主力资金涌入的迹象，如果有，那么我们可以断定这是主力资金以小单形式分批涌入的建仓行为。

2011年1月26日美罗药业分时走势图如图4-55所示，从分时成交柱来看，在分时成交柱的中间地带再次呈现密集均匀有序分布的现象，这段时间主要集中在13：00至14：30左右，两端为无序的分布状态。在13：00至14：30这段时间内成交情况如何，我们可一探究竟。如图4-56所示，博思软件的情况与此类似。

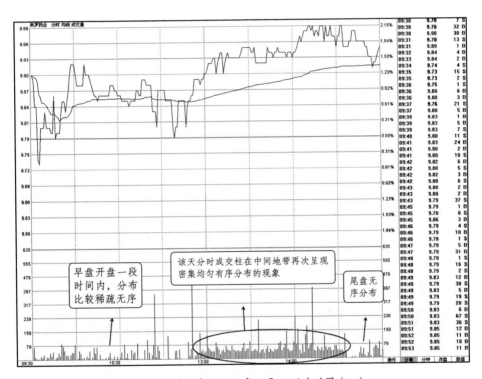

图4-55　美罗药业2011年1月26日分时图（一）

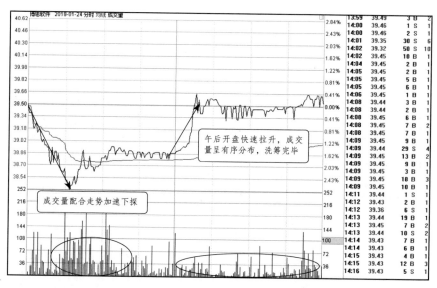

图 4-56 博思软件 2018 年 1 月 24 日分时图（一）

如图 4-57 所示，在 2011 年 1 月 26 日 11：20 左右再次出现了 10 手小单连续涌入的现象。如图 4-58 所示，博思软件的情况与此类似。

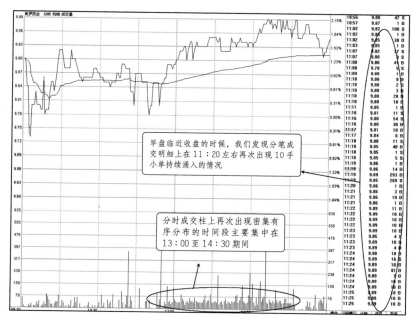

图 4-57 美罗药业 2011 年 1 月 26 日分时图（二）

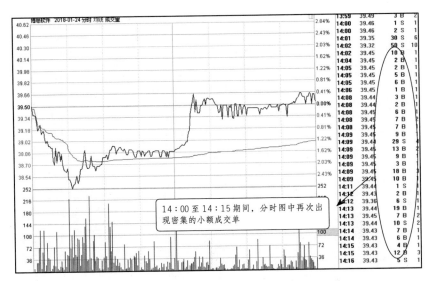

图 4-58　博思软件 2018 年 1 月 24 日分时图（二）

　　11：25 至 13：06 分笔成交明细情况如图 4-59 所示，在该段时间内同样出现了持续的 10 手小单成交现象。该现象一直持续至 14：30 左右。

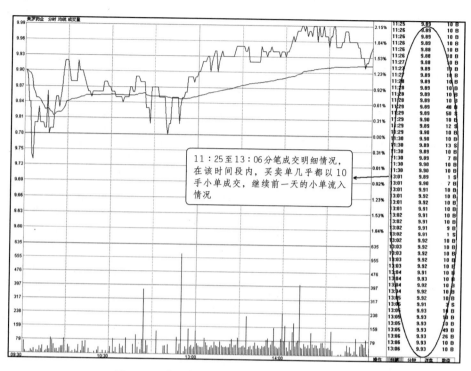

11：25至13：06分笔成交明细情况，在该时间段内，买卖单几乎都以10手小单成交，继续前一天的小单流入情况

图 4-59　美罗药业 2011 年 1 月 26 日分时图（三）

　　如图 4-60 所示，在 2011 年 1 月 26 日 11：25 至 14：30 左右，再次出现了 10 手小单持续涌入的现象，即 25 日行为的一种延续。第二天出现这种小单连续涌入的现象，无疑加大了主力建仓行为的可能性。如图 4-61 所示，博思软件的情况与此类似。

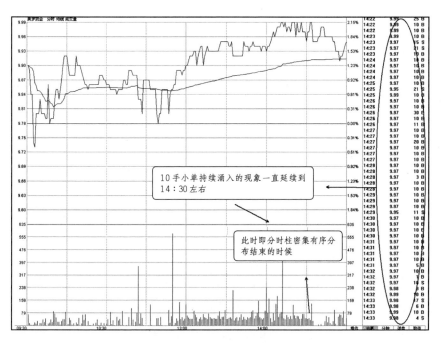

图 4-60　美罗药业 2011 年 1 月 26 日分时图（四）

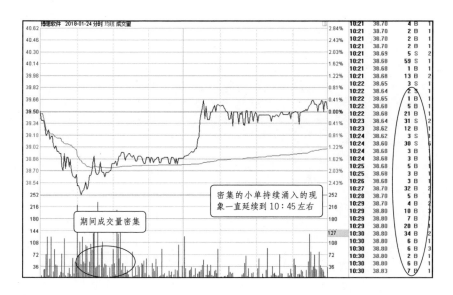

图 4-61　博思软件 2018 年 1 月 24 日分时图（三）

　　如图 4-62 所示，从上至下翻看 2011 年 1 月 27 日美罗药业分时
走势图分笔成交明细情况，可发现该天没有出现小单持续涌入的现象，
但早盘出现了一波凌厉的拉升动作，资金主导作用明显。如图 4-63
所示，博思软件的情况与此类似。

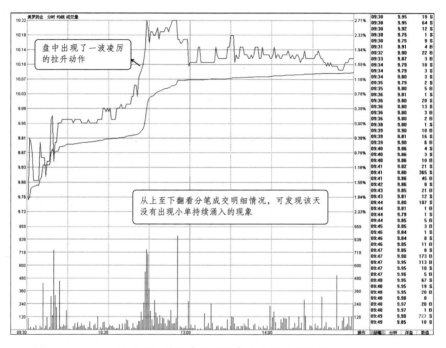

图 4-62　美罗药业 2011 年 1 月 27 日分时图

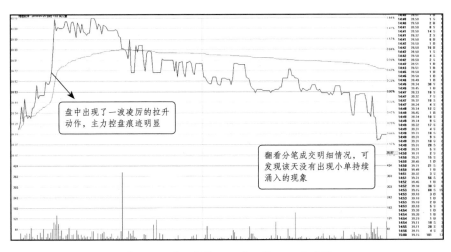

盘中出现了一波凌厉的拉升动作，主力控盘痕迹明显

翻看分笔成交明细情况，可发现该天没有出现小单持续涌入的现象

图 4-63　博思软件 2012 年 1 月 25 日分时图

【学习小总结】

　　类似博思软件和美罗药业当日 3% 左右的拉升幅度一般不会由散户发起，而是由主力主导的。虽然当时形势非常乐观，但是资金并未进一步上攻，股价冲高回落，切忌追高。

　　2011 年 1 月 28 日美罗药业分时走势图如图 4-64、图 4-65 所示，从 9：45 开始，出现了小单持续涌入的现象。如图 4-66 所示，博思软件从 9：33 开始也出现了小单持续涌入的现象。

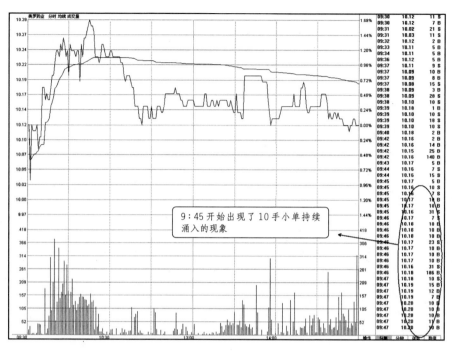

图 4-64　美罗药业 2011 年 1 月 28 日分时图（一）

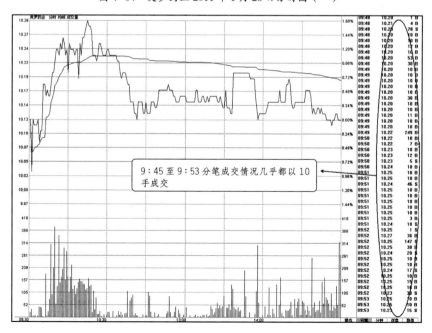

图 4-65　美罗药业 2011 年 1 月 28 日分时图（二）

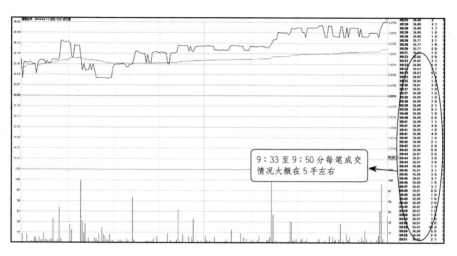

图 4-66 博思软件 2018 年 2 月 12 日分时图

如图 4-67 所示，2011 年 1 月 31 日，美罗药业又出现了小单持续涌入的现象。

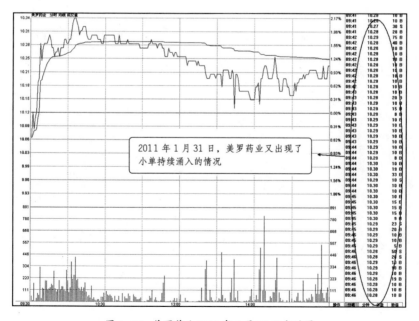

图 4-67 美罗药业 2011 年 1 月 31 日分时图

如图 4-68 所示，博思软件在 2018 年 3 月 16 日当天又出现了此现象。

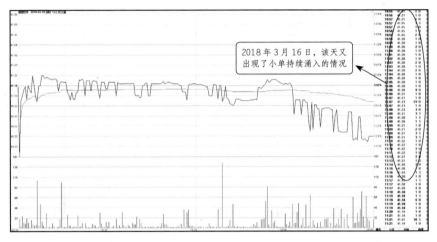

图 4-68　博思软件 2018 年 3 月 16 日分时图

如图 4-69 所示，2011 年 2 月 9 日，美罗药业亦出现了小单持续流入的现象。

图 4-69　美罗药业 2011 年 2 月 9 日分时图

　　如图 4-70 所示，2011 年 2 月 20 日，美罗药业再次出现了小单持续流入的现象。

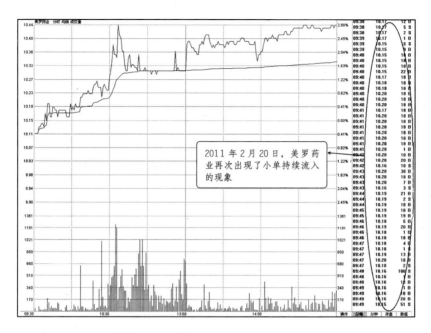

图 4-70　美罗药业 2011 年 2 月 20 日分时图

通过前面一段时间的分析，我们可以看到从 2011 年 1 月 25 日开始，之后的一段时间内美罗药业都出现了小单资金持续流入的现象。我们基本上可以确认，这种相对低位的小单资金的持续性流入行为是主力资金的一种建仓动作。对于主力资金而言，一方面此位置处于相对低位，前期经过一轮不小幅度的下跌后，调整得较为充分，主力选择在这个位置进场风险相对较小；另一方面，主力资金选择在此处进场，背后或许还有其他一些原因存在，这些原因可能是主力选择在此处进场的动力。

如图 4-71 所示，美罗药业在 2011 年 1 月 25 日之后的一段时期内随着小单资金的涌入，股价也出现了逐步走高的态势。当然这属于建仓初期，主力动作往往不会那么大，为了隐蔽起见，一般都会以小涨形式推升股价。建仓完毕到了真正的拉升时期，主力才会有大动作出现。如

图 4-72 所示，博思软件的情况与此类似。

图 4-71　美罗药业 2011 年 1 月 25 日后拉升前期走势图

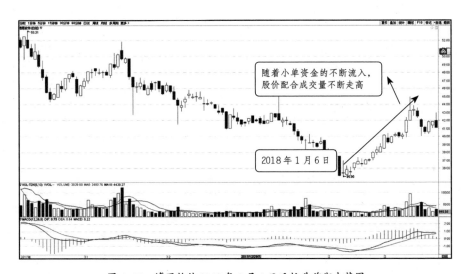

图 4-72　博思软件 2018 年 1 月 6 日后拉升前期走势图

【学习重点提炼】

博思软件量价配合，资金承接力量较强，进场意愿强烈，均线也呈多头排列，有很好的赚钱效应。但是市场瞬息万变，我们必须及时做好止盈、止损的离场准备。做多时需把握好整个板块的氛围，要对个股进行全面的基本面了解，把握主线，避免踩雷，才能走得更远。

所以当我们判断此处的小单持续性涌入行为是主力资金建仓的行为时，接下来要做的就是布局和潜伏了，以及密切关注何时爆发，一旦爆发基本上可以确认拉升的征途就此开始。此时，我们更应坚定前期的预判，拿好手中的筹码，在折腾或下跌途中，不轻易抛掉手中的筹码，在涨的过程中，尤其是在上涨初期，也不要迫不及待地下车。

如图 4-73 所示，经过一段时间的跟踪，后市一旦出现中大阳上攻的动作，往往预示着主力真正运作拉升行动的开始。如图 4-74 所示，博思软件的情况与此类似。

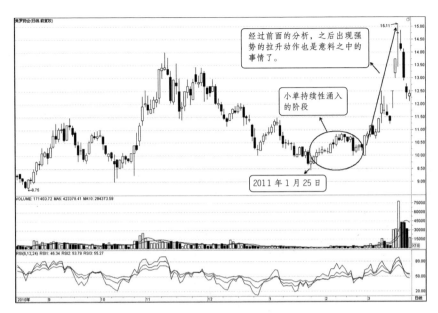

经过前面的分析，之后出现强势的拉升动作也是意料之中的事情了。

小单持续性涌入的阶段

2011 年 1 月 25 日

图 4-73　美罗药业逐步走高后强力拉升走势图

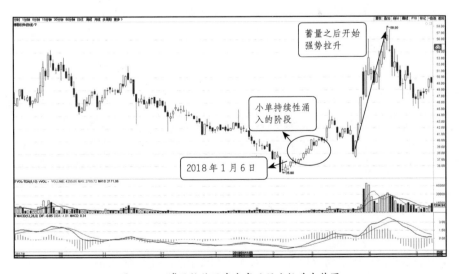

蓄量之后开始强势拉升

小单持续性涌入的阶段

2018 年 1 月 6 日

图 4-74　博思软件逐步走高后强力拉升走势图

操
盘
手
记

观察随感

我喜欢观察，对于不是很熟悉的人，我最喜欢的就是默默地去观察他们。我是慢热型的人，没放开的时候，我很沉默，而一旦放开，我会变得异常活跃。人都是世俗的，往往都带着金钱的眼光去衡量别人。虽然我并不想这样，但在这社会中，有时候确实身不由己。

就像聚会结交朋友一样，其实我比较喜欢静静喝茶聊天的氛围，但朋友喜欢热闹，喊我去KTV，我也只好随大流。不过我是里面最不活跃的人，因为唱歌我不擅长，跳舞没那根筋，酒量也不行，抽烟就更不会了。

不过，当气氛渐渐热闹之后，我也逐渐融入其中，此时我会发现，原来这里也是个释放压力与情绪的好地方！在跟着歌曲节奏随意摇摆的过程中，一切似乎都变得随意起来了，情绪也能够得到最大的释放。确实，KTV有其独特的魅力。只是我坚持认为，这样的放松方式只能偶尔为之，长久下去，人会沉溺其中，迷失自己。毕竟，这种场合对身体还是会有一定伤害的，最重要的是，这种疯狂过后带来的精神上的瘾，会让自己不知道人真正的价值所在。

人活着的真正价值，在我看来，就是要让这个世界认识你，意识到你的精彩，你为这个世界奉献出自己的力量，最大限度地展示自己，影响别人，让千万人由此受益。呵呵，准确地说，这应该是我活着的价值。

不过话又说回来，有些人就是喜欢沉迷于 KTV，他的人生价值就是如此，我们并不能因此否定他。毕竟这个世界需要各种各样的人，也正是如此，这世界才变得如此精彩！

说真的，在观察人的过程中，我也算是大开了眼界。出人意料的人其实并不少，或许他平时是个高高在上、严肃无比的老总，但在那放松的场合里，宛若另一个人，这样的状况，基本上 10 个人中有 9 个都如此吧。这说明了什么问题？这说明人都是具有多面性的，而且在不同的环境会戴上不同的面具。社会就是如此，我们要懂得随环境而变，当然，最重要的是，内心始终要保留一块属于自己的土壤，让自己在适当的时候好好释放出来，那会很快乐，也很舒服。

面对形形色色的人，我有时候会显得有点儿不知所措。不过，我固有的磁场让我最终能够游刃有余。观察的人越多，我越发现，很多东西并不是自己所想象的那么单纯，不过，太复杂的我也没多想，我只需要把自己研究的东西想清楚就可以，至于其余那些"复杂"，"水到"自然会"渠成"。

好好往一个地方钻

让自己每天都有新的想法，这是一种令思维永远保持年轻的方式。

我很喜欢这样，也正因如此，有时候陷入思考之中，我会发很长时间的呆。

无论何地何时，包括在人流穿梭的街道上，只要是我一个人，只要让我能够站在一个地方，或者坐在一个角落，我都能进入发呆状态。

想到一个问题，深究之，也不管最终能否得出结论性的答案，我都非常享受这个过程。特别是静静地躺在沙滩上、躺在草地上，那绝对是人生一大享受，不仅是享受思考，也是享受生活。

人需要思维上的突破，才能有更大的成就和可能。思维会引导你去成就一些事情，如果思维僵化了，依然停留在过去，那么，最终人也会停留在过去的状态。很早我就认识到这一点，因此，我非常重视思维和思想上的突破。为何我喜欢在喧闹之后好好沉淀一番？就是想寻找思维、思想上的突破，太喧闹往往容易迷失自己，谈突破会很虚。

思想的火花不仅需要自己去摩擦，有时候也需要跟他人进行思想上的碰撞，那是一条捷径，但成功的前提是务必找对碰撞思想的人。

跟一些有深度，能互相理解的人碰撞思想，是一大乐事，也最容易诞生思想的火花。在这种状态下，人往往容易忘记时间的流逝，一聊就是几个小时，还不觉得累。那是一种境界，很难得，往往很多事情、很多思路、很多突破就在此时成形。就好比面对一次考试，你长时间持续研究深化它，最终你就能够完全将知识化为己用，得到质变。同样，长时间的持续思想碰撞，反复谈及一些问题并深化之，想不质变都难。

我一直都有一种体会，就是做任何事，只要你能够坚持，好好研究，好好分析，好好深化，这件事最终必然能质变，也绝对能让你心想事成。

研究市场，研究股票，研究期货等，何尝不是如此？只有坚持，只有深入，只有反复，才能有所成就！

力量全部集中于一点，那一点的能量绝对是具有震慑力的，也最容易对目标产生致命的攻击，从而带来缺口，最终形成突破！先找到点，集中力量攻破这一点，然后以点带面，形成全面突破。这不就是把事业做大做强的一种常胜策略吗？

这也从侧面告诉我们，术业有专攻，别求全，但做专，专到一定层次，自然会有你需要的人聚集到你身边，形成以你的"专才"为核心的"全才"团队，这才是真正的成功之道。

我深信这一点，因此，我很明白我该做什么，以后要做到什么层次。虽然未来具有很多不确定性，但有一点是非常确定的，那就是只要坚持向一个方向钻，一定能钻出更大的天地！

飞机在头顶飞过，夜晚的飞机显得格外闪亮，如星星一般，很美。如果把我现在的境界比作飞机，那夜空中的星星，不就是以后自己要追求的吗？很美，让人舍不得入睡，那境界我喜欢。